Tiny Stories for Polish Learners

Short Stories in Polish for Beginners and Intermediate Learners

Jan Kowalczyk

Copyright © 2022 Jan Kowalczyk
All rights reserved.
Although the author and publisher have made every effort to ensure that the information presented in this book was correct at the present time, the author and publisher do not assume and hereby disclaim any liability to any party for any loss, damage, or disruption caused by errors or omissions, whether such errors or omissions result from negligence, accident, or any other cause.

This book was designed using resources from www.freepik.com

greenthumbpublishing@gmail.com

Contents

Introduction
How to use book
Reading guide

Malbork Castle
Białowieża Forest
Marie Curie
The Wieliczka Salt Mine
Obwarzanek Krakowski
The Lower Oder Valley
The City of Gdańsk
Pierogi
Solidarność
Kraków
At the beach
Camping at the Lake
The house
On the train
Cooking dinner
Walking home
The castle
My garden
Going shopping
At the market
At the cafe
Going swimming
Mowing the lawn
Getting a haircut
The park

Introduction

Reading in a foreign language is one of the most effective ways for you to improve language skills and expand vocabulary. However, it can sometimes be difficult to find engaging reading materials at an appropriate level that provide a feeling of achievement and a sense of progress. Most books and articles written for native speakers can be too long and difficult to understand or may have very high-level vocabulary so you feel overwhelmed and give up. If these problems sound familiar, then this book is for you!

Tiny Stories for Polish learners is a collection of 25 unconventional and entertaining short stories that are designed to help beginner to intermediate level Polish learners improve their language skills.

These short stories create a supportive reading environment by including;

- Rich linguistic content in different genres to keep you entertained and expose you to a variety of word forms.
- Shorter stories in chapters to give you the satisfaction of finishing stories and progressing quickly.
- Texts written at your level so they are more easily comprehended and not overwhelming.
- English translation on alternating pages so you can directly refer to it line by line while reading the Polish story.
- Key vocabulary is printed **bold** throughout the story and translation to help you understand unfamiliar words more easily.
- Comprehension questions to test your understanding of key events and to encourage you to read in more

detail.

So whether you want to expand your vocabulary, improve your comprehension, or simply read for fun, this book is the biggest step forward you will take in your studies this year. Tiny stories for Polish learners will give you all the support you need, so sit back, relax, and let your imagination run wild as you are transported to a magical world of adventure, mystery and intrigue – in Polish!

How to use this book

Reading is a difficult talent to master. We use a range of micro-skills to help us read in our native languages. For example, we might skim a passage to get a rough understanding, or gist, of what it's about. Alternatively, we might comb through numerous pages of a train schedule in search of a specific time or location. While these micro-skills are second nature when reading in our native languages, research reveals that we often forget most of them when reading in a foreign language. When learning a foreign language, we normally begin at the beginning of a text and work our way through it, trying to understand every single word. Inevitably, we come across unfamiliar or complex terms and become annoyed by our inability to comprehend them.

One of the biggest advantages of reading in a foreign language is that you are exposed to a vast number of phrases and expressions that are used in everyday situations. Extensive reading is a term used to describe reading for pleasure in order to learn a language. It's not like reading a textbook, when conversations or texts are designed to be read slowly and carefully with the goal of comprehending every word. "Intensive reading" refers to reading that is done to achieve specific learning goals or complete tasks. To put it another way, thorough reading in textbooks usually aids in the learning of grammar rules and particular vocabulary, but extensive reading of stories aids in the learning of natural language.

Tiny stories for Polish learners will provide you with opportunities to learn more about natural Polish language in use, although you may have started your language learning journey with solely textbooks. Here are a few

pointers to keep in mind as you read the stories in this book to get the most out of them: When it comes to reading, enjoyment and a sense of accomplishment are critical. You keep coming back for more because you enjoy what you're reading. Reading each story from beginning to end is the best method to enjoy reading stories and feel accomplished. As a result, the most crucial thing is to get to the end of a story. It's actually more crucial than knowing every single word

The more you read, the more you will gain knowledge. You will quickly have a knowledge of how Polish works if you read larger books for pleasure. However, keep in mind that in order to get the full benefits of extensive reading, you must first read a sufficiently substantial volume. Reading a few pages here and there may teach you a few new words, but it won't make a significant difference in your overall level of Polish.

Accept the fact that you will not comprehend everything you read in a novel. This is, without a doubt, the most crucial point! Always remember that not understanding all of the words or sentences is entirely acceptable. It does not imply that your language skills are inadequate or that you are performing poorly. It indicates that you are actively involved in the learning process.

Reading guide

In order to get the most from reading Tiny Stories for Polish Learners, it will be best for you to follow this simple six-step reading process for each chapter of the stories:

1. Read the chapter title. Think about what the story might be about. Then read the story all the way through. Your aim is simply to reach the end of the story. Therefore, do not stop to look up words and do not worry if there are things you do not understand. Simply try to follow the plot.

2. When you reach the end of the story, scan the English translation to see if you have understood what has happened and pick up any context you may have missed.

3. Go back and read the same story again. If you like, you can focus more on story details than before, but otherwise simply read it through one more time.

4. Next, work through the comprehension questions in Polish to check your understanding of key events in the story. If you do not understand the questions fully, do not worry. Use you knowledge to answer as best you can.

5. At this point, you should have some understanding of the main events of the chapter. If not, you may wish to re-read the chapter a few times using the translation to check unknown words and phrases until you feel confident.

Once you are ready and confident that you understand what has happened – whether it's after one reading of the story or several – move on to the next story and continue

enjoying the story at your own pace, just as you would any other book.

Only once you have completed a story in its entirety should you consider going back and studying the story language in more depth if you wish. Or instead of worrying about understanding everything, take time to focus on all that you have understood and congratulate yourself for all that you have done.

Tiny Stories
for Polish Learners

Zamek w Malborku

Zastanawia się, czy w zamku w Malborku cokolwiek się jeszcze **zmieni.** Jest rok 1410, a Zakon Krzyżacki właśnie przejął kontrolę nad zamkiem w Malborku. Okazała budowla stoi imponująco nad brzegiem rzeki Nogat w północnej Polsce, będąc symbolem potęgi i mocy germańskich rycerzy. Jednak nie wszystko w murach **zamku jest w porządku.** Panuje atmosfera napięcia i niepokoju, ponieważ jest wielu, którzy nie ufają nowym władcom. Jedną z takich osób jest Agnieszka, młoda kobieta, która urodziła się i wychowała w Malborku. **Pamięta czasy,** gdy Malbork nazywał się jeszcze Marienburg, **zanim dostał się w ręce** Krzyżaków podczas jednej z ich krucjat przeciwko pogańskiej Litwie. Teraz czuje się jak obca we własnym domu; wszystko się zmieniło od tamtych mrocznych dni. Agnieszka stara się unikać kontaktu z rycerzami, ale pewnego dnia **przypadkowo wpada na** jednego z nich w zatłoczonym korytarzu. Ten chwyta ją za ramię i krzyczy na nią po niemiecku, **żądając wyjaśnień,** dlaczego nie pracuje ciężej, by służyć im należycie. **Wstrząśnięta** tym spotkaniem Agnieszka postanawia, że dość tego; nie może dłużej milczeć na temat tego, co dzieje się na zamku w Malborku pod panowaniem krzyżackim.

Malbork Castle

The year is 1410, and the Teutonic Order has just taken control of Malbork Castle. The grandiose structure stands imposingly on the banks of the Nogat River in northern Poland, a symbol of the power and might of the Germanic knights. But not all is well within the **castle** walls. There is an air of tension and unease, for there are many who do not trust these new rulers. One such person is Agnieszka, a young woman who was born and raised in Malbork. She **remembers** when it was still called Marienburg, **before** it fell to the Teutonic Order during one of their crusades against pagan Lithuania. Now, she feels like a stranger in her own home; everything has changed since those dark days. Agnieszka does her best to avoid contact with the knights as much as possible, but one day she **accidentally** bumps into one of them in a busy corridor. He roughly grabs her arm and shouts at her in German, **demanding** to know why she isn't working harder to serve them properly. **Shaken** by this encounter, Agnieszka decides that enough is enough; she can no longer stay silent about what's happening here at Malbork Castle under Teutonic rule.

Agnieszka zaczyna rozpowiadać wśród pracowników zamku o złym traktowaniu, jakiego doświadczają z rąk Krzyżaków. Wie, że jest to ryzykowne, ale nie może bezczynnie przyglądać się, jak jej rodacy są traktowani w ten sposób. **Powoli, ale nieuchronnie** coraz więcej osób zaczyna jej słuchać i wkrótce na zamku w Malborku powstaje mały ruch oporu. Rycerze nie są ślepi na to, co się dzieje; widzą, że Agnieszka **staje się** problemem. Zaczynają ją bacznie obserwować, pilnując, by nie sprawiała więcej kłopotów. Jednak mimo ciągłego nadzoru, Agnieszce wciąż udaje się przemycać **wiadomości z** zamku, wzywając pomocy z zewnątrz. Pewnej nocy, gdy kończy pisać kolejną wiadomość, słyszy kroki na **korytarzu** przed swoim pokojem. Ktoś dowiedział się o działalności Agnieszki i teraz po nią idzie. W **pośpiechu** chowa wiadomość, po czym otwiera drzwi i widzi czekających na nią dwóch Krzyżaków. Tym razem nie ma **ucieczki** - wie, że zostanie zabrana i prawdopodobnie **stracona** za zdradę zakonu.

Agnieszka begins to spread word among the castle staff about the mistreatment they are all suffering at the hands of the Teutonic knights. She knows it is risky, but she can not just stand by and do nothing while her fellow Poles are being treated like this. **Slowly** but surely, more and more people start to listen to her, and soon there is a small resistance movement brewing within Malbork Castle. The knights are not blind to what is happening; they can see that Agnieszka is **becoming** a problem. They begin to watch her closely, making sure she does not cause any more trouble. But even though she is under constant surveillance, Agnieszka still manages to smuggle **messages** out of the castle, calling for help from outside. One night, as she is finishing up another message, she hears footsteps in the **corridor** outside her room. Someone has found out about Agnieszka's activities, and now they are coming for her. She **hastily** hides the message before opening the door to find two Teutonic knights standing there waiting for her. There is no **escape** this time; she knows she will be taken away and likely **executed** for treason.

Gdy wyprowadzają ją z domu - być może po raz ostatni - Agnieszka ze **smutkiem** patrzy na wszystko, co zmieniło się od tych pierwszych dni, gdy Marienburg wpadł w ręce wroga. Agnieszka zostaje postawiona przed Wielkim Mistrzem Zakonu Krzyżackiego, Heinrichem von Plauen. Ten spogląda na nią zimnym wzrokiem i pyta, dlaczego sprawia tyle kłopotów. Agnieszka odpowiada po prostu, że nie może bezczynnie przyglądać się, jak jej rodacy są **traktowani w** ten sposób; zasługują na coś lepszego niż bycie gnębionymi przez germańskich rycerzy. Heinrich von Plauen słucha jej **beznamiętnych** słów, ale nie jest wzruszony. Rozkazuje zabrać Agnieszkę i natychmiast ją rozstrzelać. Wyprowadzana z jego obecności, Agnieszka.

As she is led away from her home-possibly for the last time-Agnieszka looks back with **sadness** at all that has changed since those first days when Marienburg fell into enemy hands. Agnieszka is brought before the Grand Master of the Teutonic Order, Heinrich von Plauen. He looks down at her with cold eyes and asks her why she has been causing so much trouble. Agnieszka simply replies that she cannot stand by and do nothing while her fellow Poles are being **treated** like this; they deserve better than to be oppressed by Germanic knights. Heinrich von Plauen listens to her **impassioned** words, but he is not moved. He orders for Agnieszka to be taken away and executed immediately. As she is led out of his presence, she can't help but wonder if anything will ever **change** here at Malbork Castle.

Pytania na rozumienie tekstu

1. Jak nazywa się zamek, o którym mowa w opowiadaniu?

2. Kiedy Zakon Krzyżacki przejął kontrolę nad zamkiem?

3. Z jakiego kraju pochodzi Agnieszka?

4. Jaką nazwę nosił pierwotnie zamek?

5. Co Agnieszka sądzi o Krzyżakach?

6. Co robi Agnieszka w odpowiedzi na złe traktowanie przez pracowników zamku?

7. Co czuje Wielki Mistrz Zakonu Krzyżackiego w związku z postępowaniem Agnieszki?

8. Jaka jest konsekwencja działań Agnieszki?

9. Co zastanawia Agnieszkę, gdy jest wyprowadzana?

Comprehension Questions

1. What is the name of the castle in the story?

2. When did the Teutonic Order take control of the castle?

3. What is the native country of Agnieszka?

4. What was the castle's original name?

5. How does Agnieszka feel about the Teutonic knights?

6. What does Agnieszka do in response to the mistreatment of the castle staff?

7. How does the Grand Master of the Teutonic Order feel about Agnieszka's actions?

8. What is the consequence of Agnieszka's actions?

9. What does Agnieszka wonder as she is led away?

Puszcza Białowieska

Puszcza Białowieska to miejsce mroczne i tajemnicze. Mówi się, że las jest domem dla dziwnych stworzeń, których nikt nigdy nie widział. Niektórzy twierdzą, że są one **przyjazne, a** inni, że niebezpieczne. Nikt nie wie na pewno, co czai się w głębi lasu.
Pewnego dnia grupa przyjaciół postanowiła wybrać się do Puszczy Białowieskiej. Słyszeli wszystkie opowieści o dziwnych stworzeniach, które tam mieszkały, i chcieli się przekonać, czy są one prawdziwe. Gdy szli coraz głębiej w las, zaczęli mieć wrażenie, że ktoś ich obserwuje. Słyszeli trzaskanie gałązek i szelest **liści**, ale przez gęste drzewa nie mogli nic zobaczyć. Nagle jedna z ich koleżanek krzyknęła z przerażenia, bo coś chwyciło ją od tyłu! Grupa przyjaciół biegła tak **szybko, jak tylko** mogła, ale stwór był szybszy. Gonił ich przez las, aż w końcu dotarli do polany. Odwrócili się w stronę swojego prześladowcy i zobaczyli duże, futrzane stworzenie stojące przed nimi. Miało ostre zęby i pazury i wyglądało na bardzo rozgniewane. Przyjaciele byli przerażeni!

Białowieża Forest

The Białowieża **Forest** is a dark and mysterious place. It is said that the forest is home to strange creatures that no one has ever seen before. Some say that these **creatures** are **friendly**, while others say that they are dangerous. No one knows for sure what lurks in the depths of the forest. One day, a group of friends decided to explore the Białowieża Forest. They had heard all of the stories about the strange creatures that lived there, and they were determined to find out if they were true. As they walked deeper into the woods, they began to feel as though someone was watching them. They could hear twigs snapping and **leaves** rustling, but they couldn't see anything through the dense trees. Suddenly, one of their friends cried out in terror as something grabbed her from behind! The group of friends ran as **fast** as they could, but the creature was faster. It chased them through the forest, until they finally came to a clearing. They turned to face their pursuer and saw a large, furry creature standing before them. It had sharp teeth and claws, and it looked very angry. The friends were terrified!

Stwór wystąpił naprzód i obwąchał każdego z nich. Potem zrobiło coś **zaskakującego**: uśmiechnęło się do nich! To nie było groźne stworzenie, a jedynie ciekawskie, które chciało dowiedzieć się czegoś więcej o tych dziwnych ludziach, którzy weszli do jego domu. Od tej pory stworzenia z Puszczy Białowieskiej stały się stałymi gośćmi na polanie, gdzie przyjaciele spotykali się każdego dnia. I tak zaczęła się **wspaniała** przyjaźń między ludźmi a zwierzętami, która trwała przez wiele lat. Pewnego dnia leśne stworzenia poprosiły przyjaciół o pomoc w rozwiązaniu pewnego **problemu**. W lesie pojawiła się grupa myśliwych, którzy zabijali zwierzęta dla ich futra. Stworzenia były przerażone i nie wiedziały, co robić. Przyjaciele wymyślili plan, jak powstrzymać **myśliwych**. Zbudowali pułapki i rozstawili je w całym lesie. Gdy łowcy przyszli następnym razem, wpadli w pułapki i zostali schwytani! Stworzenia były bardzo **wdzięczne** swoim przyjaciołom za pomoc i do Białowieży znów powrócił pokój.

The creature stepped forward and sniffed each one of them. Then, it did something **surprising**: it smiled at them! It wasn't a dangerous creature after all; just a curious one that wanted to know more about these strange humans who had entered its home. From then on, the creatures of the Białowieża Forest became regular visitors to the clearing where the friends met up every day. And so began a **wonderful** friendship between humans and beasts that would last for many years to come. One day, the creatures of the forest asked the friends to help them with a **problem**. A group of hunters had been coming into the woods and killing animals for their fur. The creatures were scared and didn't know what to do. The friends came up with a plan to stop the **hunters**. They built traps and set them around the forest. The next time the hunters came, they fell into the traps and were captured! The creatures were very **grateful** to their friends for helping them, and peace returned to Białowieża once again.

Przyjaciele przeżyli wiele przygód w Puszczy Białowieskiej, ale zawsze trzymali się **razem**. Pomagali stworom w ich problemach, a one w zamian pokazywały im rzeczy, których nigdy wcześniej nie widzieli. Las był **magicznym** miejscem i szybko stał się ich drugim **domem**. Pewnego dnia, badając nową część lasu, natknęli się na dziwną **jaskinię**. Usłyszeli głosy dochodzące z jej **wnętrza**, więc ostrożnie weszli do środka. Okazało się, że to grupa bandytów, którzy ukryli się w lesie! Przyjaciele szybko pobiegli z powrotem, aby uzyskać pomoc od stworzeń. Wspólnymi siłami udało im się schwytać bandytów i oddać ich w ręce władz. Mijały lata, aż w końcu wszyscy przyjaciele dorośli i wyprowadzili się z Puszczy Białowieskiej. Ale mimo że już tam nie **mieszkali**, wspomnienia tych wszystkich wspaniałych **przygód** pozostały z nimi na zawsze. I co jakiś czas, kiedy najmniej się tego spodziewali, pojawiał się jeden z tych futrzanych stworków, by przypomnieć im wszystkie **dobre** chwile, które spędzili razem w tym magicznym miejscu zwanym Puszczą Białowieską.

The friends had many adventures in the Białowieża Forest, and they always stuck **together**. They helped the creatures with their problems, and in return, the creatures showed them things that they had never seen before. The forest was a **magical** place, and it was quickly becoming their second **home**. One day, they were exploring a new part of the woods when they came across a strange **cave**. They could hear voices coming from **inside**, so they cautiously entered. It turned out to be a group of bandits who had been hiding out in the forest! The friends quickly ran back to get help from the creatures. Together, they were able to capture the bandits and turn them over to the authorities.

The years went by, and eventually all of the friends grew up and moved away from Białowieża Forest. But even though they were no longer **living** there, their memories of all those wonderful **adventures** would stay with them forever. And every now and then, when they least expected it, one of those furry creatures would appear to remind them of all the **good** times they had shared together in that magical place called Białowieża Forest.

Pytania na rozumienie tekstu

1. Co to jest Puszcza Białowieska?

2. Jakie stworzenia podobno żyją w lesie?

3. Dlaczego przyjaciele postanowili zwiedzić las?

4. Co zrobił stwór, gdy po raz pierwszy zobaczył przyjaciół?

5. Z jakim problemem zwróciły się do przyjaciół leśne stwory o pomoc?

6. W jaki sposób przyjaciele pomogli stworzeniom?

7. Co znaleźli przyjaciele, gdy odkrywali nową część lasu?

8. W jaki sposób przyjaciele i stworki schwytali bandytów?

9. Co się stało z przyjaciółmi, gdy dorośli?

10. Dlaczego jedno z futrzanych stworzeń ponownie pojawiło się u przyjaciół?

Comprehension Questions

1. What is the Białowieża Forest?

2. What creatures are said to live in the forest?

3. Why did the friends decide to explore the forest?

4. What did the creature do when it first saw the friends?

5. What was the problem that the creatures of the forest asked the friends to help with?

6. How did the friends help the creatures?

7. What did the friends find when they were exploring a new part of the woods?

8. How did the friends and the creatures capture the bandits?

9. What happened to the friends when they grew up?

10. Why would one of the furry creatures appear to the friends again?

Maria Curie

Maria Curie urodziła się 7 listopada 1867 r. w Warszawie. Jej ojciec był **profesorem** fizyki na miejscowym uniwersytecie, a matka prowadziła pensjonat. Już w dzieciństwie Maria Curie wykazywała **duże zdolności w zakresie nauk ścisłych** i doskonale radziła sobie z nauką. Gdy miała zaledwie osiemnaście **lat,** zdobyła **stypendium na studia na** Sorbonie w Paryżu. Na Sorbonie Marie poznała Pierre'a Curie, który później został jej mężem. Pierre również studiował fizykę na tej uczelni i szybko nawiązali silną więź dzięki wspólnemu zamiłowaniu do **nauki**. Pobrali się w 1895 r. i mieli dwie **córki:** Irene i Evelyn. W 1898 r. Marie i Pierre odkryli rad - pierwiastek, który na zawsze odmienił ich życie. Poświęcili się dalszym badaniom nad promieniotwórczością i jej potencjalnymi zastosowaniami w **medycynie** (dziedzina, którą później nazwano "radioterapią"). W 1903 r. otrzymali Nagrodę Nobla w dziedzinie fizyki za odkrycie promieniotwórczości - tym samym Maria Curie stała się pierwszą kobietą w historii, która otrzymała Nagrodę Nobla.

Marie Curie

Marie Curie was born in Warsaw, Poland on November 7th, 1867. Her father was a physics **professor** at the local university, and her mother ran a boarding house. As a child, Marie showed **great** promise in academics, and she excelled in her studies. When she was just eighteen **years** old, she won a **scholarship** to study at the Sorbonne University in Paris. At Sorbonne University, Marie met Pierre Curie, who would later become her husband. Pierre was also studying physics at the university, and the two quickly developed a strong bond over their shared love of **science**. They married in 1895 and had two **daughters** together: Irene and Evelyn. In 1898, Marie and Pierre discovered radium—an element that would change their lives forever. They devoted themselves to further research on radioactivity and its potential applications for **medicine** (a field which came to be known as "radiation therapy"). In 1903, they were awarded the Nobel Prize in Physics for their discovery of radioactivity – making Marie Curie the first woman ever to win a Nobel Prize.

Niestety, zaledwie cztery lata później doszło do tragedii, gdy Pierre zmarł potrącony przez powóz konny podczas przechodzenia przez **ulicę** w Paryżu. Zrozpaczona jego śmiercią, ale zdecydowana kontynuować ich wspólną pracę, Marie objęła jego stanowisko profesora fizyki na Sorbonie. Stała się jeszcze bardziej znana dzięki swoim przełomowym pracom nad promieniotwórczością, do tego stopnia, że w 1911 r. otrzymała kolejną Nagrodę Nobla - tym razem sama - stając się nie tylko pierwszą kobietą, która otrzymała dwa Noble, ale także jedyną osobą, która otrzymała je w dwóch różnych dziedzinach nauki. Po wybuchu I wojny światowej Marie odłożyła na bok własne projekty badawcze, aby pomóc w działaniach wojennych, opracowując aparaty rentgenowskie, które można było wykorzystywać do lokalizowania **odłamków** i innych ciał obcych w ciałach żołnierzy. Przeszkoliła także 150 kobiet, które miały obsługiwać te **urządzenia** w **szpitalach** wojskowych w pobliżu linii frontu. Za swoje wysiłki w czasie wojny została odznaczona francuską Legią Honorową - jednym z najwyższych odznaczeń cywilnych przyznawanych przez **rząd** francuski.

Sadly, tragedy struck just four years later when Pierre died after being hit by a horse-drawn carriage while crossing a **street** in Paris. Devastated by his death but determined to continue their work together, Marie took over his position as Professor of Physics at the Sorbonne **University**. She became even more renowned for her groundbreaking work on radioactivity, so much so that she was awarded another Nobel Prize – this time alone – in 1911, becoming not only the first woman ever to win two Nobels, but also the only person ever to have won them both in separate sciences. After World War I broke out, Marie put aside her own research projects to help with the war effort by developing X-ray machines that could be used to locate **shrapnel** and other foreign objects inside soldiers' bodies. She also trained 150 women to maintain and operate these **machines** at military **hospitals** near the front lines of battle. For her efforts during wartime, she was made a member of France's Legion d'honneur— one of the highest civilian honours bestowed by the French **government**.

Niestety, wkrótce potem narażenie na **promieniowanie** wynikające z wieloletniej pracy z materiałami radioaktywnymi zaczęło się negatywnie odbijać na zdrowiu Marii Curie, która zaczęła cierpieć na **zmęczenie,** a w końcu zachorowała na białaczkę. Maria Curie zmarła spokojnie 4 lipca 1934 r. w wieku 67 lat w sanatorium Sancellemoz w Passy we Francji, w otoczeniu **rodziny** i najbliższych przyjaciół. **Dziedzictwo** Marii Curie przetrwało do dziś dzięki jej córkom Irenie i Evelyn. Irene otrzymała wraz z mężem, Frederic'iem Joliot-Curie, Nagrodę Nobla w dziedzinie chemii za odkrycie plutonu. Evelyn nie kontynuowała kariery naukowej, ale była aktywną członkinią francuskiego ruchu oporu podczas II wojny światowej, a później napisała **biografię** o życiu swojej matki zatytułowaną Madame Curie: Dziś Maria Curie jest powszechnie uważana za jednego z najznakomitszych naukowców - a właściwie ludzi - wszechczasów. Jej odkrycia przyczyniły się do uratowania niezliczonych istnień ludzkich i nadal kształtują nasze rozumienie otaczającego nas świata. Jest inspiracją dla kobiet na całym świecie, że wszystko jest możliwe, jeśli tylko się o to postara.

Unfortunately, **radiation** exposure from all those years spent working with radioactive materials began to take its toll on Marie's health shortly thereafter; she started suffering from **fatigue** and eventually developed leukemia. Marie Curie died peacefully on July 4, 1934, at the age of 67, at the Sancellemoz sanatorium in Passy, France, surrounded by her **family** and closest friends. Marie Curie's **legacy** continues to live on through her daughters Irene and Evelyn. Irene went on to win her own Nobel Prize in Chemistry with her husband, Frederic Joliot-Curie, for discovering the element plutonium. And though Evelyn did not pursue a career in science, she was an active member of the French Resistance during World War II and later wrote a **biography** about her mother's life entitled Madame Curie: A Biography Today, Marie Curie is widely regarded as one of the most accomplished scientists—and indeed, humans—of all time. Her discoveries have helped save countless lives and continue to shape our understanding of the world around us. She stands as an inspiration to women everywhere that anything is possible if you set your mind to it.

Pytania na rozumienie tekstu

1. Jaki zawód wykonywał ojciec Marii Curie?

2. Co łączyło Marię Curie i Pierre'a Curie?

3. Co odkryli Maria i Pierre Curie?

4. Ile nagród Nobla otrzymała Maria Curie?

5. Czym zajmowała się Maria Curie podczas I wojny światowej?

6. Jakie jest dziedzictwo Marii Curie?

7. Za co Irena Curie otrzymała Nagrodę Nobla?

8. Kto napisał biografię o życiu Marii Curie?

9. Jak Maria Curie była postrzegana przez wielu?

10. Co jest inspiracją dla Marii Curie?

Comprehension Questions

1. What was Marie Curie's father's profession?

2. What did Marie Curie and Pierre Curie have in common?

3. What did Marie and Pierre Curie discover?

4. How many Nobel Prizes did Marie Curie win?

5. What did Marie Curie do during World War I?

6. What is Marie Curie's legacy?

7. What did Irene Curie win a Nobel Prize for?

8. Who wrote a biography about Marie Curie's life?

9. How was Marie Curie regarded by many?

10. What is an inspiration that Marie Curie provides?

Kopalnia soli w Wieliczce

Kopalnia Soli w Wieliczce to miejsce, jakiego jeszcze nie było. Przez **wieki** była źródłem soli dla mieszkańców Polski. Dziś jest także popularnym celem wycieczek turystycznych. Odwiedzają ją turyści z całego świata, aby zobaczyć wyjątkowe podziemne komory i rzeźby. Jest jednak jedna komora w **kopalni,** która nie przypomina żadnej innej. Mówi się, że jest ona nawiedzana przez ducha górnika, który zginął wiele lat temu w wypadku górniczym. Nazywał się Janek Kowalski i miał zaledwie 22 lata, kiedy zginął. Mówi się, że **duch** Janka nawiedza komorę, w której zginął, a jego ducha można czasem zobaczyć błąkającego się w ciemnościach. Niektórzy twierdzą, że duch Janka jest **zły** i mściwy, inni zaś uważają, że po prostu chce odnaleźć **spokój** po śmierci. Tak czy inaczej, jego obecność w kopalni sprawiła, że stała się ona miejscem pełnym tajemnic i intryg zarówno dla mieszkańców, jak i turystów.

The Wieliczka Salt Mine

The Wieliczka Salt Mine is a place like no other. For **centuries**, it has been a source of salt for the people of Poland. Today, it is also a popular tourist destination, with visitors from all over the world coming to see its unique underground chambers and sculptures. But there is one chamber in the **mine** that is unlike any other. This **chamber** is said to be haunted by the ghost of a miner who died in a mining accident many years ago. His name was Janek Kowalski, and he was just 22 years old when he died. Janek's **ghost** is said to haunt the chamber where he died, and his spirit can sometimes be seen wandering around in the darkness. Some say that Janek's ghost is **angry** and vengeful, while others believe that he simply wants to find **peace** after death. Either way, his presence in the mine has made it a place of mystery and intrigue for both locals and tourists alike.

Pewnego **upalnego** letniego dnia grupa turystów **zwiedzała** Kopalnię Soli w Wieliczce. Słyszeli opowieści o duchu Janka, ale nie byli pewni, czy im wierzyć. Kiedy szli przez **ciemne** komory, poczuli **chłód** w powietrzu. Nagle jeden z turystów zobaczył w oddali jakąś postać. Był to mężczyzna w staromodnym ubraniu, który zdawał się unosić nad ziemią. Turysta krzyknął, a wszyscy pozostali turyści pobiegli w jego kierunku. Gdy dotarli na miejsce, po widmowej postaci nie było już śladu. Jedyną **różnicą było** to, że jedna ze świec w komnacie była zgaszona. Opowieść o duchu Janka stała się **legendą** w Kopalni Soli "Wieliczka". Turyści z całego świata przyjeżdżają, aby zobaczyć, czy uda im się zobaczyć jego **ducha**. Niektórzy twierdzą, że jest on niegroźny, inni zaś uważają, że wciąż jest zły z powodu swojej śmierci i chce się zemścić na tych, którzy wchodzą do jego komory.

One **hot** summer day, a group of tourists were **exploring** the Wieliczka Salt Mine. They had heard stories about Janek's ghost, but they weren't sure if they believed them. As they walked through the **dark** chambers, they felt a **chill** in the air. Suddenly, one of the tourists saw a figure in the distance. It was a man wearing old-fashioned clothing, and he seemed to be floating above the ground. The tourist screamed, and all of the other tourists ran towards him. But when they got there, there was no sign of any ghostly figure. The only thing that was **different** was that one of the candles in the chamber had been extinguished. The story of Janek's ghost has become a **legend** in the Wieliczka Salt Mine. Visitors come from all over the world to see if they can catch a glimpse of his **spirit**. Some say that he is harmless, while others believe that he is still angry about his death and wants revenge on those who enter his chamber.

Nikt nie wie na pewno, co stało się z duchem Janka, ale jedno jest pewne: Kopalnia Soli w Wieliczce nigdy nie zostanie zapomniana. Janek Kowalski był **młodym** człowiekiem, który miał przed sobą całe życie. Pracował w kopalni soli w Wieliczce i bardzo to lubił. To była **niebezpieczna** praca, ale Janek nigdy nie bał się podejmować ryzyka. Pewnego dnia, gdy Janek pracował w jednej z komór, nastąpiło zawał. Janek został **pogrzebany** żywcem pod tonami soli i **skał**. Jego ciała nie odnaleziono przez wiele dni, a kiedy je odnaleziono, było już za późno. Zmarł na skutek odniesionych obrażeń. Śmierć Janka pozostawiła dziurę w sercach tych, którzy go znali. Ale pozostawiła też coś jeszcze: jego ducha. Niektórzy twierdzą, że duch Janka nadal nawiedza komorę, w której zginął, i że można go czasem zobaczyć, jak błąka się w ciemnościach. Jeśli odwiedzisz Kopalnię Soli w Wieliczce, koniecznie zwiedź komorę, w której zginął Janek Kowalski. Mówi się, że jego duch wciąż nawiedza to miejsce, a Tobie może się poszczęści i uda Ci się go zobaczyć. Ale cokolwiek zrobisz, nie rozgniewaj jego ducha, bo możesz nigdy nie **opuścić** kopalni żywy.

No one knows for sure what happened to Janek's ghost, but one thing is certain: the Wieliczka Salt Mine will never be forgotten. Janek Kowalski was a **young** man with his whole life ahead of him. He worked in the Wieliczka salt mine, and he loved it. It was a **dangerous** job, but Janek was never afraid of taking risks. One day, while Janek was working in one of the chambers, there was a cave-in. Janek was **buried** alive under tonnes of salt and **rock**. His body wasn't found for days, and by the time they did find him, it was too late. He had died from his injuries. Janek's death left a hole in the hearts of those who knew him. But it also left something else behind: his spirit. Some say that Janek's ghost still haunts the chamber where he died, and that his spirit can sometimes be seen wandering around in the darkness. If you visit the Wieliczka Salt Mine, be sure to take a tour of the chamber where Janek Kowalski died. It's said that his ghost still haunts the place, and you might just be lucky enough to catch a glimpse of him. But whatever you do, don't anger his spirit-or you may never **leave** the mine alive.

Pytania na rozumienie tekstu

1. Co to jest kopalnia soli w Wieliczce?

2. Jak nazywa się komora w kopalni, o której mówi się, że jest nawiedzona przez ducha Janka Kowalskiego?

3. Ile lat miał Janek Kowalski, gdy zmarł?

4. Co mówi się o duchu Janka?

5. Co się stało z duchem Janka?

6. Gdzie znajduje się kopalnia soli w Wieliczce?

7. Od jak dawna działa Kopalnia Soli "Wieliczka"?

8. Jak nazywa się komora w kopalni, o której mówi się, że jest nawiedzana przez ducha Janka Kowalskiego?

9. Jaka jest legenda o duchu Janka?

10. Co robią zwiedzający, gdy przyjeżdżają do Kopalni Soli w Wieliczce?

Comprehension Questions

1. What is the Wieliczka Salt Mine?

2. What is the chamber in the mine that is said to be haunted by the ghost of Janek Kowalski?

3. How old was Janek Kowalski when he died?

4. What is said about Janek's ghost?

5. What happened to Janek's ghost?

6. Where is the Wieliczka Salt Mine located?

7. How long has the Wieliczka Salt Mine been in operation?

8. What is the chamber in the mine that is said to be haunted by the ghost of Janek Kowalski?

9. What is the legend of Janek's ghost?

10. What do visitors do when they come to the Wieliczka Salt Mine?

Obwarzanek Krakowski

W Krakowie był wczesny ranek, a **miasto** dopiero zaczynało się budzić. **Słońce** jeszcze nie wzeszło, ale niebo rozświetlało się jego blaskiem. Krakowscy sprzedawcy Obwarzanka już rozstawiali swoje wózki, przygotowując się do kolejnego dnia sprzedaży swoich **pysznych** precli. Jeden ze sprzedawców, młody mężczyzna o imieniu Jakub, był dziś szczególnie **podekscytowany**. Oszczędzał od miesięcy i w końcu miał wystarczająco dużo pieniędzy, aby kupić własny wózek. Był to jego pierwszy dzień pracy jako sprzedawca i nie mógł się doczekać, kiedy zacznie. Jakub dotarł na swoje stałe miejsce w pobliżu **rynku** i zaczął rozstawiać **wózek**. W miarę pracy czuł narastające w nim podniecenie. Wkrótce ustawiła się kolejka ludzi, którzy chcieli kupić jego obwarzanki. Gdy słońce zaczęło wschodzić, podekscytowanie Jakuba zmieniło się w zdenerwowanie. Co będzie, jeśli nikt nie kupi jego obwarzanków? A jeśli nie zarobi tyle **pieniędzy,** żeby zapłacić za wózek? Próbował wyrzucić te myśli z głowy i skupić się na zadaniu, które miał wykonać.

Obwarzanek Krakowski

It was early morning in Krakow, and the **city** was just beginning to stir. The **sun** had not yet risen, but the sky was aglow with its light. The Obwarzanek Krakowski vendors were already setting up their carts, preparing for another day of selling their **delicious** pretzels. One vendor, a young man named Jakub, was particularly **excited** today. He had been saving up for months and finally had enough money to buy his own cart. This would be his first day as a vendor, and he couldn't wait to get started. Jakub arrived at his usual spot near the **market** square and began setting up his **cart**. He could feel the excitement building inside him as he worked. Soon there would be a line of people waiting to buy his obwarzanek. As the sun began to rise, Jakub's excitement turned to nervousness. What if no one bought his pretzels? What if he didn't make enough **money** to pay for his cart? He tried to push these thoughts out of his mind and focus on the task at hand.

Wreszcie nadszedł czas, aby otworzyć interes. Jakub wziął głęboki **oddech** i zawołał do pierwszego klienta: "Obwarzanek Krakowski!". Ku jego uldze, klient podszedł i kupił precla. Jakub odetchnął z ulgą, wręczając resztę. W końcu zapowiadał się **dobry** dzień. Z upływem dnia **pewność siebie** Jakuba rosła. Sprzedawał coraz więcej precli, a nawet udało mu się pozyskać kilku stałych klientów. Interes kwitł, a on zarabiał więcej pieniędzy, niż kiedykolwiek mógł sobie wyobrazić. Pod koniec dnia Jakub zarobił wystarczająco dużo pieniędzy, aby kupić sobie nową parę butów i jeszcze trochę zostało. Był **zmęczony,** ale szczęśliwy, gdy pakował swój wózek i wracał na **noc do** domu. Dla Jakuba to był dopiero początek. Od tej pory będzie znany jako krakowski sprzedawca Obwarzanków z najlepszymi preclami w mieście! Ponieważ biznes Jakuba stale się rozwijał, postanowił zatrudnić kilku pomocników. Z ich pomocą udało mu się rozszerzyć działalność i sprzedawać jeszcze więcej precli. Miał teraz stałe miejsce na rynku, a ludzie przyjeżdżali z całego miasta, żeby kupić jego obwarzanki.

Finally, it was time to open for business. Jakub took a deep **breath** and called out to the first customer, "Obwarzanek Krakowski!" To his relief, the customer came over and purchased a pretzel. Jakub let out a sigh of relief as he handed over the change. This was going to be a **good** day after all. As the day went on, Jakub's **confidence** grew. He was selling more and more pretzels, and even managed to snag a few repeat customers. Business was booming, and he was making more money than he ever could have imagined. By the end of the day, Jakub had made enough money to buy himself a new pair of shoes and still had some left over. He was **tired** but happy as he packed up his cart and headed home for the **night**. This was just the beginning for Jakub. From now on, he will be known as the Obwarzanek Krakowski vendor with the best pretzels in town! As Jakub's business continued to grow, he decided to hire a few helpers. With their help, he was able to expand his operation and sell even more pretzels. He now had a regular spot in the market square, and people came from all over town to buy his obwarzanek.

Jakub żył jak we **śnie**. Kochał to, co robił, i nic nie było w stanie go załamać. Nawet zły dzień w pracy nie był w stanie podkopać jego nastroju. Był szczęśliwy i odnosił **sukcesy, a jego** życie nie mogło być lepsze. Pewnego dnia Jakub jak zwykle ustawiał swój wózek, kiedy zauważył mężczyznę **spacerującego** z tabliczką z napisem "Obwarzanek Krakowski - 2 w cenie 1!". Jakub był oburzony. Ten człowiek próbował podciąć mu skrzydła i ukraść biznes. Jakub stanął twarzą w twarz z mężczyzną i zażądał, żeby **przestał**. Mężczyzna roześmiał się i powiedział, że Jakub nie może go powstrzymać przed robieniem tego, co chce. Następnie próbował sprzedać jednego ze swoich precli przechodzącemu klientowi. Jakub miał już dość. Wyrwał precla z ręki mężczyzny i rzucił go na **ziemię**. Następnie wyjął swój własny szyld i napisał na nim wielkimi, grubymi literami "Najlepszy Obwarzanek w mieście". Nie miał zamiaru pozwolić, aby ten facet zniszczył jego biznes.

Jakub was living the **dream**. He loved what he did, and there was nothing that could bring him down. Not even the occasional bad day at work could dampen his spirits. He was happy and **successful**, and life couldn't be better. One day, Jakub was setting up his cart as usual when he noticed a man **walking** around with a sign that read, "Obwarzanek Krakowski – 2 for 1!" Jakub was outraged. This man was trying to undercut him and steal his business. Jakub confronted the man and demanded that he **stop**. The man just laughed and said that Jakub couldn't stop him from doing what he wanted. He then proceeded to try and sell one of his pretzels to a passing customer. Jakub had had enough. He grabbed the pretzel out of the man's hand and threw it on the **ground**. Then he took out his own sign and wrote "Best Obwarzanek in Town" on it in big, bold letters. There was no way he was going to let this guy ruin his business.

Pytania na rozumienie tekstu

1. Co to jest Obwarzanek Krakowski?

2. Kim jest Jakub?

3. Czym Jakub był podekscytowany tego dnia?

4. Dlaczego podekscytowanie Jakuba zmieniło się w zdenerwowanie?

5. Jak czuł się Jakub pod koniec dnia?

6. Co Jakub zrobił z zarobionymi pieniędzmi?

7. Co zrobił Jakub, gdy zobaczył człowieka ze znakiem?

8. Co powiedział mężczyzna do Jakuba?

9. Co zrobił Jakub w odpowiedzi?

Comprehension Questions

1. What is the Obwarzanek Krakowski?

2. Who is Jakub?

3. What was Jakub's excitement for the day?

4. Why did Jakub's excitement turn to nervousness?

5. How did Jakub feel by the end of the day?

6. What did Jakub do with the extra money he made?

7. What did Jakub do when he saw the man with the sign?

8. What did the man say to Jakub?

9. What did Jakub do in response?

Dolina Dolnej Odry

Dolina Dolnej Odry była kiedyś miejscem tętniącym życiem, pełnym aktywności. Teraz jednak jest **cieniem** dawnego siebie. Pozostały po niej jedynie ruiny domów i przedsiębiorstw. Mówi się, że **dolina** została przeklęta przez mściwego ducha, który został skrzywdzony dawno temu. Nikt nie wie na pewno, co się stało, ale od tamtej pory dolina powoli umiera. **Rośliny** uschły, zwierzęta zniknęły, a w końcu odeszli nawet ludzie. Dziś nikt już nie przyjeżdża do Doliny Dolnej Odry. To tak, jakby w ogóle nie istniała. Jeśli jednak masz dość **odwagi,** by zapuścić się w to opuszczone miejsce, możesz przekonać się, że w tym zapomnianym zakątku świata pozostało jeszcze trochę życia. Przemierzając dolinę, nie sposób oprzeć się wrażeniu smutku. Jakby całe szczęście zostało wyssane z tego miejsca. W oddali widać jednak, że coś **się porusza**. Gdy podchodzisz bliżej, zdajesz sobie sprawę, że to człowiek! Jest poszarpany i **brudny,** ale na pewno żyje. Kiedy Cię widzi, zaczyna uciekać w popłochu.

The Lower Oder Valley

The Lower Oder Valley was once a bustling place, full of life and activity. But now, it is a **shadow** of its former self. The only thing that remains are the ruins of what were once homes and businesses. It is said that the **valley** was cursed by a vengeful spirit who was wronged long ago. No one knows for sure what happened, but ever since then, the valley has been slowly dying. The **plants** withered away, the animals vanished, and eventually even the people left. Nowadays, no one ever comes to the Lower Oder Valley anymore. It is as if it doesn't exist at all. But if you're **brave** enough to venture into this forsaken place, you might just find out that there's still some life left in this forgotten corner of the world. As you walk through the valley, you can't help but feel a sense of sadness. It's as if all the happiness has been sucked out of this place. But then, in the distance, you see something **moving**. As you get closer, you realise that it is a person! They are ragged and **dirty**, but they are definitely alive. When they see you, they start to run away in terror.

Próbujesz iść za nimi, ale oni znikają w jednym z **opuszczonych** budynków. Ostrożnie wchodzisz za nimi, nie wiedząc, czego się spodziewać. Wewnątrz budynku jest ciemno i **stęchło**. Dopiero po **chwili** Twoje oczy przyzwyczajają się do ciemności. Gdy to się udaje, widzisz osobę skuloną w kącie, trzęsącą się ze strachu. Podchodzisz do niej powoli, nie chcąc przestraszyć jej jeszcze bardziej, niż jest w rzeczywistości. Kiedy jesteś wystarczająco blisko, zdajesz sobie sprawę, że to tylko **dzieci**. Młoda **dziewczyna,** która wygląda na nie więcej niż dziesięć lat, najwyraźniej wiele przeszła, ale wciąż ma w sobie trochę **walki**. Kiedy widzi, że nie zamierzasz jej skrzywdzić, zaczyna się lekko uspokajać. Przez chwilę siedzicie w milczeniu, a dziewczynka próbuje zebrać się na odwagę. W końcu się odzywa i opowiada swoją historię. Mówi, że ma na imię Sara i że była jedną z ostatnich osób, które opuściły dolinę, gdy wszyscy inni się wynosili. Jej rodzice zmarli wkrótce po tym, jak tu przybyli, więc Sara została tu **sama**.

You try to follow them, but they disappear into one of the **abandoned** buildings. You enter cautiously after them, not knowing what to expect. Inside, the building is dark and **musty**. It takes a **moment** for your eyes to adjust to the darkness. When they do, you see the person huddled in a corner, shaking with fear. You approach them slowly, not wanting to scare them any more than they already are. When you're close enough, you realise that they are just **children**. a young **girl** who appears to be no older than ten years old she's obviously been through a lot, but she still has some **fight** left in her. When she sees that you're not going to hurt her, she starts to calm down slightly. The two of you sit in silence for a while as the girl tries to gather her courage. Finally, she speaks up and tells you her story. She says that her name is Sarah and that she was one of the last people to leave the valley when everyone else was moving away. Her parents had died shortly after they arrived here, and so Sarah was all **alone** in this place.

Sarah mówi, że od kilku lat żyje z uprawy **ziemi,** ale coraz trudniej jest jej znaleźć **pożywienie**. Szukała jagód, gdy zobaczyła, że nadchodzisz, i pomyślała, że jesteś jednym z duchów, które nawiedzają to miejsce. Ale teraz, kiedy wie, że jesteś zwykłym człowiekiem, takim jak ona, nie boi się już tak bardzo. Siedzicie i rozmawiacie jeszcze przez jakiś czas, aż w końcu Sara zasypia ze **zmęczenia**. Zostajesz z Sarą przez całą noc, czuwając na wypadek, gdyby któryś z duchów powrócił. Gdy Sara śpi, rozglądasz się po miejscu, które stało się jej domem. Jest smutne i samotne, ale pozostało w nim też trochę piękna. W świetle **poranka** Sara wygląda o wiele młodziej niż wczoraj wieczorem. W jej oczach można dostrzec niewinność, która została stwardniała na skutek doświadczeń, jakie przeżyła tu, w dolinie. Ale mimo że życie dało jej w kość, wciąż nie traci nadziei. Po **śniadaniu** żegnasz się z Sarą. Mówisz jej, że postarasz się wkrótce wrócić z zapasami. Uśmiechnęła się i podziękowała Ci, po czym wróciła do zadań, które ją dziś czekają. Kiedy odchodzisz, nie możesz pozbyć się nadziei na to, co czeka tę **małą** dziewczynkę, która przetrwała wbrew wszelkim przeciwnościom losu.

Sarah says that she's been living off the **land** for the past few years, but it's getting harder and harder to find **food**. She was out looking for berries when she saw you coming and thought you were one of the spirits that haunt this place. But now that she knows you're just a person like her, she's not so scared anymore. The two of you sit and talk for a while longer, until Sarah finally falls asleep from **exhaustion**. You stay with Sarah through the night, keeping watch in case any of the ghosts come back. As Sarah sleeps, you take a look around at this place that has become her home. It is sad and lonely, but there is still some beauty left in it too. In the **morning** light, Sarah looks much younger than she did last night. You can see the innocence in her eyes that has been hardened by her experiences here in the valley. But even though life has dealt her a tough hand, she still hasn't given up hope. After **breakfast**, you say goodbye to Sarah. You tell her that you'll try to come back soon with some supplies. She smiles and thanks you before going back to whatever tasks await her today. As you walk away, you can't help but feel hopeful for what lies ahead for this **little** girl who has survived against all odds.

Pytania na rozumienie tekstu

1. Co to jest Dolina Dolnej Odry?

2. Co jest przekleństwem Doliny Dolnej Odry?

3. Kim był mściwy duch, który rzucił klątwę na dolinę?

4. Co się stało z roślinami, zwierzętami i ludźmi w dolinie?

5. Czy ktoś jeszcze mieszka w Dolinie Dolnej Odry?

6. Kim jest Sara?

7. Jak zginęli rodzice Sary?

8. Od jak dawna Sara mieszka w dolinie?

9. Co robiła Sara, gdy zobaczyła osobę, która się do niej zbliżała?

Comprehension Questions

1. What is the Lower Oder Valley?

2. What is the curse of the Lower Oder Valley?

3. Who was the vengeful spirit that cursed the valley?

4. What happened to the plants, animals, and people in the valley?

5. Is there anyone still living in the Lower Oder Valley?

6. Who is Sarah?

7. How did Sarah's parents die?

8. How long has Sarah been living in the valley?

9. What was Sarah doing when she saw the person coming towards her?

Miasto Gdańsk

Gdańsk był kiedyś kwitnącą **metropolią**. Teraz jednak jest tylko cieniem dawnego siebie. Ulice są **puste,** a budynki się rozpadają. Nad miastem niczym koc unosi się niesamowita cisza. Ale w Gdańsku wciąż jest życie. W opuszczonych budynkach, w ukrytych zakątkach miasta mieszkają ludzie, którzy nie chcą się poddać. Trzymają się nadziei, że pewnego dnia Gdańsk znów powstanie i będzie tym wielkim miastem, którym był kiedyś. Jedną z takich osób jest Janusz Kowalski. Mieszka w Gdańsku całe życie i pamięta, jak to było, zanim wszystko się rozpadło. Teraz spędza dni, włócząc się po ulicach, zbierając **śmieci** i starając się utrzymać porządek. Nie jest to wiele, ale jest to coś, co może zrobić, aby pomóc swojemu **ukochanemu** miastu. Pewnego dnia Janusz był na swoim zwykłym obchodzie, kiedy usłyszał hałas dochodzący z jednej z opuszczonych budynków. Ostrożnie podszedł i **zajrzał do** środka. To, co zobaczył, zszokowało go. Tam mieszkali ludzie! Dzieci biegające wokół, kobiety gotujące przy **ognisku...** To było jak scena z innej epoki.

The City of Gdańsk

The city of Gdańsk was once a thriving **metropolis**. But now, it is nothing more than a shadow of its former self. The streets are **empty** and the buildings are crumbling. There is an eerie silence that hangs over the city like a blanket. But there is still life in Gdańsk. In the abandoned buildings, in the hidden corners of the city, there are people who have refused to give up on their home. They cling to hope that one day Gdańsk will rise again and be the great city it once was. One such person is Janusz Kowalski. He has lived in Gdańsk all his life, and he remembers what it used to be like before everything fell apart. Now, he spends his days wandering the streets, picking up **trash** and trying to keep things tidy. It's not much, but it's something he can do to help his **beloved** city. One day, Janusz was out on his usual rounds when he heard a noise coming from one of the abandoned buildings. He cautiously approached and **peered** inside. What he saw shocked him. There were people living there! Children running around, women cooking over a **fire**... it was like a scene from another time.

Janusz nie wiedział, co robić. Chciał pomóc tym ludziom, ale **bał się,** że narazi ich na kłopoty. W końcu zdecydował się pójść do władz i powiedzieć im o **lokatorach**. Czy na pewno będą w stanie im pomóc? Ale kiedy Janusz poszedł do władz, te tylko go wyśmiały i powiedziały, że nic nie mogą zrobić. Zniechęcony Janusz wrócił do **obozu dla lokatorów** i opowiedział im, co się stało. Ludzie podziękowali mu za jego wysiłki, ale powiedzieli, że są przyzwyczajeni do ignorowania przez władze. Od lat udawało im się przetrwać na własną rękę i w najbliższym czasie nigdzie się nie wybierają. Janusz był zdumiony **odpornością** tych ludzi. Mimo wszystko wciąż walczyli o to, by ułożyć sobie życie. Zaczął ich regularnie odwiedzać, przynosząc jedzenie i zapasy, kiedy tylko mógł. Z czasem poznał ich lepiej i zaczął podziwiać ich **siłę**. Wśród tych wszystkich gruzów i ruin stworzyli swoją małą **społeczność**. Troszczyli się o siebie nawzajem i pomagali sobie.

Janusz didn't know what to do. He wanted to help these people, but he was **afraid** of getting them into trouble. Eventually, he decided to go to the authorities and tell them about the **squatters**. Surely they would be able to help them? But when Janusz went to the authorities, they just laughed at him and told him there was nothing they could do. Disheartened, Janusz went back to the squatter's **camp** and told them what had happened. The people thanked him for his efforts but said that they were used to being ignored by the government. They had been surviving on their own for years, and they weren't going anywhere anytime soon. Janusz was amazed by the **resilience** of these people. In spite of everything, they were still fighting to make a life for themselves. He started visiting them regularly, bringing food and supplies when he could. Over time, he got to know them better and he came to admire their **strength**. The squatters had created their own little **community** in the midst of all the rubble and ruin. They looked out for one another and helped one another.

Janusz zdał sobie sprawę, że tego właśnie potrzebuje Gdańsk - więcej takich ludzi, którzy są gotowi pomóc w odbudowie miasta od podstaw. W końcu wieść o obozie dla squatterów się rozniosła i coraz więcej osób zaczęło tam **mieszkać**. Puste niegdyś budynki znów wypełniły się życiem. Powoli, ale nieuchronnie Gdańsk zaczynał wychodzić z mrocznych czasów. Obecnie Gdańsk znów jest **kwitnącą** metropolią. Ulice są pełne ludzi, a budynki zostały wyremontowane. W powietrzu unosi się poczucie **nadziei**. A wszystko zaczęło się od decyzji jednego człowieka, który postanowił nigdy nie rezygnować ze swojego domu. Janusz Kowalski jest teraz szanowanym **członkiem** społeczności. Jest znany jako człowiek, który pomógł uratować Gdańsk. Kiedy ludzie widzą go idącego ulicą, zatrzymują się i dziękują mu za jego wysiłki. Ale Janusz wzrusza ramionami i mówi, że robił to, co każdy inny człowiek w jego sytuacji. Wie, że to siła i **determinacja** squattersów tak naprawdę uratowała Gdańsk. To oni są prawdziwymi **bohaterami** tej historii.

Janusz realised that this is what Gdańsk needed – more people like this who were willing to help rebuild the city from the ground up. Eventually, word spread about the squatter's camp, and more and more people started coming to **live** there. The once-empty buildings were now filled with life again. Slowly but surely, Gdańsk was starting to recover from its dark days. The city of Gdańsk is now a **thriving** metropolis once again. The streets are bustling with people, and the buildings have been repaired. There is a sense of **hope** in the air. And it all started with one man's decision to never give up on his home. Janusz Kowalski is now a respected **member** of the community. He is known as the man who helped save Gdańsk. When people see him walking down the street, they stop and thank him for his efforts. But Janusz just shrugs and says that he was just doing what anyone else would have done in his situation. He knows that it was the strength and **determination** of the squatters that really saved Gdańsk. They are the true **heroes** of this story.

Pytania na rozumienie tekstu

1. Jak wygląda obecnie miasto Gdańsk?

2. Jak gdańszczanie czują się w swoim mieście?

3. Kim jest Janusz Kowalski?

4. Co zrobił Janusz, gdy zobaczył squattersów?

5. Dlaczego władze nie pomogły lokatorom?

6. Jak zareagowali mieszkańcy squatu, gdy Janusz powiedział im o władzach?

7. Co Janusz czuł wobec lokatorów?

8. Co zrobił Janusz, aby pomóc lokatorom?

9. Jak zmieniało się miasto Gdańsk na przestrzeni dziejów?

10. Kim są prawdziwi bohaterowie tej historii?

Comprehension Questions

1. What is the city of Gdańsk like now?

2. How do the people in Gdańsk feel about their city?

3. Who is Janusz Kowalski?

4. What did Janusz do when he saw the squatters?

5. Why did the authorities not help the squatters?

6. How did the squatters react when Janusz told them about the authorities?

7. How did Janusz feel about the squatters?

8. What did Janusz do to help the squatters?

9. How did the city of Gdańsk change over time?

10. Who are the true heroes of this story?

Pierogi

To była ciemna i **burzliwa** noc. Pierożek, mały polski pierożek, trząsł się w swoim **łóżeczku** z liści kapusty. Został sam w zimnej, wilgotnej **piwnicy** i bardzo się bał. Nagle usłyszał kroki na schodach prowadzących w dół do piwnicy. Ktoś po niego szedł! Pierogi próbował schować się pod liście kapusty, ale było już za późno. Drzwi do piwnicy otworzyły się i wielka ręka chwyciła go za **kark**. Wyciągnięto go na światło dzienne i stanął twarzą w twarz z bardzo rozgniewaną kobietą. Kobieta krzyczała na Pierożka po polsku, domagając się odpowiedzi na pytanie, dlaczego ukrywa się w jej piwnicy. Pierogi wyjaśnił, że było mu **zimno,** był głodny i nie miał dokąd pójść. Serce kobiety nieco zmiękło, gdy zobaczyła, jak żałośnie wygląda ten mały pierożek, i postanowiła go przygarnąć. Kobieta nakarmiła Pierożka **gotowanymi** ziemniakami i marchewką, a następnie położyła go do łóżka obok własnych dzieci. Zasypiając, Pierogi myślał o tym, jakie miał szczęście, że ta miła kobieta przygarnęła go w tak ciemną i burzliwą noc.

Pierogi

It was a dark and **stormy** night. Pierogi, the little Polish dumpling, shivered in his **bed** of cabbage leaves. He had been left all alone in the cold, wet **cellar**, and he was very afraid. Suddenly, he heard footsteps on the stairs leading down to the cellar. Someone was coming for him! Pierogi tried to hide under the cabbage leaves, but he was too late. The cellar door opened and a large hand reached in and grabbed him by the scruff of his **neck**. He was pulled out into the light and found himself face to-face with a very angry-looking woman. The woman shouted at Pierogi in Polish, demanding to know why he had been hiding in her cellar. Pierogi explained that he was **cold** and hungry and had nowhere else to go. The woman's heart softened slightly when she saw how pathetic the little dumpling looked, and she decided to take him in. The woman fed Pierogi some **boiled** potatoes and carrots, then tucked him into bed next to her own children. As he drifted off to sleep, Pierogi thought about how lucky he was that the kind woman had taken him in on such a dark and stormy night.

Następnego ranka Pierogi obudził **śmiech**. Zerknął spod kołdry i zobaczył, że dzieci tej kobiety bawią się z nim. Ze starego **pudełka po butach** zrobiły dla niego małe łóżeczko i udawały, że karmią go kawałkami wymyślonego jedzenia. Pierogi był tak wzruszony dobrocią kobiety i jej dzieci, że zaczął płakać. Dzieci przerwały **zabawę** i podeszły do Pierożka, aby go pocieszyć, delikatnie głaskały go po głowie, a on z powrotem zasnął. Kiedy Pierogi obudził się ponownie, był już dzień. Kobiety i jej dzieci już nie było, ale zostawili mu na śniadanie talerz z pierogami. Pierożek był tak szczęśliwy, że zjadł wszystkie, a potem z pełnym brzuchem i ciepłym **sercem** wrócił do snu. Pierogi mieszkał z kobietą i jej dziećmi przez wiele lat i zawsze był szczęśliwy. Nigdy nie zapomniał ciemnej i burzliwej nocy, kiedy po raz pierwszy został przygarnięty, i każdego dnia był wdzięczny za **dobroć** swojej nowej rodziny.

The next morning, Pierogi woke up to the sound of **laughter**. He peeked out from under the covers and saw that the woman's children were playing with him. They had made a little bed for him out of an old **shoebox**, and they were pretending to feed him bits of imaginary food. Pierogi was so touched by the kindness of the woman and her children that he began to cry. The children stopped **playing** and came over to comfort him, patting his head gently as he cried himself back to sleep. When Pierogi woke up again, it was daytime. The woman and her children were gone, but they had left him a plate of pierogi for breakfast. Pierogi was so happy that he ate every last one, then went back to sleep with a full belly and a warm **heart**. Pierogi lived with the woman and her children for many years, and he was always happy. He never forgot the dark and stormy night when he was first taken in, and he was grateful every day for the **kindness** of his new family.

Pewnego dnia, gdy Pierogi były już bardzo stare i **siwe,** dzieci kobiety dorosły i wyprowadziły **się.** Kobieta również przygotowywała się do przeprowadzki, aby zamieszkać ze swoją córką w innym mieście. Przyszła pożegnać się z Pierogiem i mocno go **uścisknęła.** Pierogi patrzył, jak kobieta odjeżdża, a potem wrócił do **domu.** Bez niej czuł się bardzo pusty, ale Pierogi wiedział, że sobie **poradzi.** Miał wiele szczęśliwych wspomnień z czasów spędzonych ze swoją pierwszą rodziną i był pewien, że czeka go jeszcze wiele dobrych chwil. Pierogi przeżył resztę swoich dni w domu, otoczony wspomnieniami szczęśliwych chwil, które dzielił z kobietą i jej dziećmi. Zawsze był im **wdzięczny** za to, że przygarnęli go w tę ciemną i burzliwą noc, i wiedział, że nigdy nie zapomni ich dobroci.

One day, when Pierogi was very old and **gray**, the woman's children had grown up and moved **away**. The woman was getting ready to move too, to live with her daughter in another town. She came to say goodbye to Pierogi, and she gave him a big **hug**. Pierogi watched as the woman drove away, then he went back into the **house**. It felt very empty without her there, but Pierogi knew he would be **alright**. He had many happy memories of his time with his first family, and he was sure there were many more good times ahead. Pierogi lived out the rest of his days in the house, surrounded by memories of the happy times he had shared with the woman and her children. He was always **grateful** to them for taking him in on that dark and stormy night, and he knew he would never forget their kindness.

Pytania na rozumienie tekstu

1. Co robi Pierogi, gdy słyszy kroki schodzące do piwnicy?

2. Dlaczego kobieta była zła, gdy znalazła Pierogi w swojej piwnicy?

3. Co kobieta zrobiła dla Pierożka po tym, jak postanowiła go przygarnąć?

4. Jak czuł się Pierożek, gdy obudził się na dźwięk śmiechu?

5. Dlaczego Pierogi był wdzięczny swojej nowej rodzinie?

6. Kiedy Pierogi ponownie spotyka się z kobietą po jej wyprowadzce?

7. Co robi Pierogi, gdy kobieta przychodzi się pożegnać?

8. Jak się czuje Pierogi po wyjściu kobiety?

9. Co Pierogi robi z resztą swoich dni?

Comprehension Questions

1. What does Pierogi do when he hears footsteps coming down to the cellar?

2. Why was the woman angry when she found Pierogi in her cellar?

3. What did the woman do for Pierogi after she decided to take him in?

4. How did Pierogi feel when he woke up to the sound of laughter?

5. Why was Pierogi grateful to his new family?

6. When does Pierogi see the woman again after she moves away?

7. What is Pierogi doing when the woman comes to say goodbye?

8. How does Pierogi feel after the woman leaves?

9. What does Pierogi do with the rest of his days?

Solidarność

Na początku lat 80. w Polsce panował **chaos**. Po II wojnie światowej Związek Radziecki ustanowił w Polsce rząd komunistyczny, a ludzie byli **zmęczeni** uciskiem. Chcieli zmian. W sierpniu 1980 r. robotnicy w Stoczni Gdańskiej rozpoczęli strajk, protestując przeciwko warunkom pracy i niskim płacom. Lech Wałęsa, **elektryk w** stoczni, stał się przywódcą strajkujących. Pomógł on wynegocjować porozumienie z dyrekcją, które przewidywało podwyżki i poprawę warunków pracy. Wydarzenie to zapoczątkowało ogólnokrajowy ruch na rzecz reform, znany jako Solidarność. Przez ponad rok Solidarność walczyła o demokrację i prawa człowieka w Polsce. W grudniu 1981 r. rząd wprowadził stan wojenny, próbując w ten sposób **zdławić** ruch. Jednak Solidarność kontynuowała pokojową walkę o **reformy** przez całe lata 80., aż w końcu osiągnęła sukces w 1989 r., kiedy w całej Europie Wschodniej upadł komunizm. Był gorący letni dzień w Gdańsku, a stoczniowcy pocili się podczas pracy. Lech Wałęsa, elektryk, pracował na **suwnicy,** gdy usłyszał krzyki dochodzące z drugiej strony stoczni. Zszedł na dół, żeby zobaczyć, co się dzieje.

Solidarność

It was the early 1980s in Poland, and the country was in a state of **turmoil**. The Soviet Union had installed a communist government in Poland after World War II, and the people were **tired** of being oppressed. They wanted change. In August 1980, workers at the Gdańsk shipyard went on strike to protest working conditions and low wages. Lech Wałęsa, an **electrician** at the shipyard, emerged as a leader of the strikers. He helped negotiate an agreement with management that included raises and improved working conditions. This event sparked a nationwide movement for reform known as Solidarność (Solidarity). For over a year, Solidarity fought for democracy and human rights in Poland. In December 1981, martial law was imposed by the government in an attempt to **crush** the movement. However, Solidarity continued to fight peacefully for **reform** throughout the 1980s until finally achieving success in 1989 when communism collapsed across Eastern Europe. It was a hot summer day in Gdańsk and the shipyard workers were sweating as they toiled away. Lech Wałęsa, an electrician, was working on a **crane** when he heard shouting coming from the other side of the yard. He climbed down to see what was going on.

Grupa robotników zebrała się wokół brygadzisty, który krzyczał na nich. Brygadzista żądał, aby wrócili do pracy, bo w przeciwnym razie odbierze im wynagrodzenie. Robotnicy byli wściekli i nie chcieli **ustąpić**. Wałęsa wystąpił do przodu i zapytał brygadzistę, co się dzieje. Brygadzista powiedział mu, że kierownictwo postanowiło obniżyć płace o 10 procent we **wszystkich zakładach**. Wałęsa nie mógł w to uwierzyć! Wiedział, że pracownicy nie mogą sobie pozwolić na kolejną obniżkę płac - wielu z nich już teraz walczy o przetrwanie. Wałęsa zwołał **zebranie pracowników,** a ci postanowili rozpocząć **strajk**. Wyznaczyli linie pikiet i zaczęli rozprzestrzeniać się po innych stoczniach w całej Polsce. Wkrótce strajki wybuchały w całym kraju. Rząd zareagował, wysyłając policję i **żołnierzy,** aby rozbić protesty. Jednak ludzie nie dali się uciszyć. Nie ustawali w walce o swoje prawa, nawet jeśli oznaczało to narażenie się na **przemoc** ze strony rządzących.

A group of workers were gathered around a foreman who was yelling at them. The foreman was demanding that they go back to work or he would dock their pay. The workers were angry and refused to **budge**. Wałęsa stepped forward and asked the foreman what was going on. The foreman told him that management had decided to cut wages by 10 percent across the **board**. Wałęsa couldn't believe it! He knew that the workers could not afford another pay cut—many were already struggling just to get by. Wałęsa called a **meeting** of the workers, and they decided to go on **strike**. They set up picket lines and began spreading the word to other shipyards across Poland. Soon, strikes were breaking out all over the country. The government responded by sending in police and **soldiers** to break up the protests. However, the people would not be silenced. They continued to fight for their rights, even when it meant facing **violence** from those in power.

W grudniu 1981 r. wprowadzono stan wojenny, próbując raz na zawsze zdławić Solidarność. Lech Wałęsa został aresztowany, a wielu innych **zabito** lub uwięziono. Wyglądało na to, że ruch został pokonany. Ale Solidarność nie chciała się poddać. Jej członkowie kontynuowali pokojową walkę o reformy przez całe lata osiemdziesiąte, aż w końcu osiągnęli **sukces w** 1989 r., kiedy w całej Europie Wschodniej upadł komunizm. Dziś Solidarność jest pamiętana jako **heroiczny** ruch, który pomógł wprowadzić w Polsce demokrację. Jej członkowie ryzykowali życiem, walcząc o wolność i **sprawiedliwość,** i inspirowali ludzi na całym świecie, którzy walczyli z uciskiem. Dziedzictwo Solidarności trwa do dziś w Polsce i innych krajach, gdzie ludzie nadal walczą o swoje prawa. Od powstania Solidarności minęło ponad 30 lat, ale jej **duch** żyje w sercach tych, którzy walczą o lepszy świat.

In December 1981, martial law was imposed in an attempt to crush Solidarity once and for all. Lech Wałęsa was arrested, and many others were **killed** or imprisoned. It looked like the movement had been defeated. But Solidarity refused to give up. Its members continued to fight peacefully for reform throughout the 1980s until finally achieving **success** in 1989 when communism collapsed across Eastern Europe. Today, Solidarity is remembered as a **heroic** movement that helped bring democracy to Poland. Its members risked their lives to fight for freedom and **justice**, and they inspired people all over the world who were struggling against oppression. The legacy of Solidarity continues on in Poland and other countries today as people continue to fight for their rights. It has been over 30 years since the Solidarity movement began, but its **spirit** lives on in the hearts of those who fight for a better world.

Pytania na rozumienie tekstu

1. Jak nazywał się ruch, który walczył o demokrację i prawa człowieka w Polsce?

2. W którym roku zaczęto wprowadzać stan wojenny, próbując zdławić ruch?

3. Kto stał na czele ruchu "Solidarność"?

4. Przeciwko czemu protestowali robotnicy, podejmując strajk?

5. Dlaczego w odpowiedzi rząd wysłał policję i żołnierzy w celu rozbicia protestów?

6. Jakie porozumienie pomógł wynegocjować Lech Wałęsa z kierownictwem?

7. O co walczył naród polski?

8. Co wydarzyło się w 1989 roku?

9. Jakie jest dziedzictwo ruchu Solidarność?

Comprehension Questions

1. What was the name of the movement that fought for democracy and human rights in Poland?

2. What year did martial law start being imposed in an attempt to crush the movement?

3. Who was the leader of the Solidarity movement?

4. What were the workers protesting when they went on strike?

5. Why did the government respond by sending in police and soldiers to break up the protests?

6. What agreement did Lech Wałęsa help negotiate with management?

7. What were the people of Poland fighting for?

8. What happened in 1989?

9. What is the legacy of the Solidarity movement?

Kraków

Kraków był kiedyś tętniącym życiem miastem, pełnym życia i **energii**. Teraz jednak jest cieniem dawnego siebie. Ulice są puste, budynki **się rozpadają**, a jedynym dźwiękiem jest wiatr hulający po opustoszałych ulicach. Nie zawsze tak było. Jeszcze kilka lat temu Kraków kwitł. Ale potem przyszła **wojna**. A wraz z nią śmierć i zniszczenie. Miasto zostało zbombardowane bezlitośnie, aż pozostały po nim tylko gruzy i popiół. Teraz jest to miasto duchów, pamiątka po tym, co było kiedyś. Ale są jeszcze ludzie, którzy nie chcą się poddać. Wciąż żyją w ruinach, zdecydowani odbudować swoje miasto i sprawić, by znów kwitło. Jedną z takich osób jest Janina. **Urodziła** się i wychowała w Krakowie, i kocha swoje miasto całym sercem. Każdego dnia niestrudzenie pracuje przy usuwaniu **gruzów** i naprawianiu tego, co da się naprawić. To **powolny** proces, ale nie przeszkadza jej to, bo wie, że pewnego dnia Kraków znów powstanie.

Kraków

Kraków was once a bustling city, full of life and **energy**. But now, it is a shadow of its former self. The streets are empty, the buildings are **crumbling**, and the only sound is the wind blowing through the deserted streets. It wasn't always like this. Just a few years ago, Kraków was thriving. But then came the **war**. And with it, death and destruction. The city was bombed mercilessly until there was nothing left but rubble and ashes. Now, it is a ghost town; a reminder of what once was. But there are still some people who refuse to give up on Kraków. They continue to live in the ruins, determined to rebuild their city and make it thrive once again. One of these people is Janina. She was **born** and raised in Kraków, and she loves her city with all her heart. Every day, she works tirelessly to clear away the **debris** and repair what can be repaired. It's a **slow** process, but she doesn't mind because she knows that one day, Kraków will rise again.

Pewnego dnia Janina pracuje przy oczyszczaniu fragmentu ulicy, gdy słyszy **hałas**. Rozgląda się, ale nikogo tam nie ma. Wzrusza ramionami i wraca do pracy, ale hałas jest coraz głośniejszy. W końcu nie wytrzymuje, musi zobaczyć, co to za dźwięk. Podąża za hałasem, aż dociera do małego **otworu** w ziemi. Wygląda to jak jakiś tunel. I wtedy słyszy go ponownie: słaby **głos** wołający o pomoc. Janina bez wahania schodzi w głąb tunelu. Jest ciemny, ciasny, pełen zakrętów i zawijasów. Ale nie zatrzymuje się, bo ktoś potrzebuje jej pomocy. Po godzinach czołgania się w ciemnościach Janina dociera w końcu do małej komory, w której uwięziona jest **osoba.** Jest ranna i odwodniona, ale żyje. Z pomocą Janiny udaje im się wydostać z tunelu i wrócić do miasta. "Myśleliśmy, że wszyscy nas opuścili - mówią słabo - ale wy wróciliście po nas". Ale wy wróciliście po nas." "Nigdy nie mogłabym opuścić swojego domu" - odpowiada z uśmiechem Janina. I od tej **chwili** wie, że Kraków nigdy nie będzie naprawdę stracony, dopóki są ludzie, którym zależy na nim na **tyle,** by walczyć o jego przetrwanie.

One day, Janina is working on clearing a section of the street when she hears a **noise**. She looks around, but there's no one there. She shrugs and goes back to work, but the noise keeps getting louder. Finally, she can't take it anymore; she has to see what's making that sound. She follows the noise until she comes to a small **opening** in the ground. It looks like some kind of tunnel. And then she hears it again: a faint **voice** calling for help. Without hesitating, Janina climbs down into the tunnel. It's dark and cramped, and full of twists and turns. But she doesn't stop because someone needs her help. After what feels like hours of crawling through the darkness, Janina finally comes to a small chamber where the **person** is trapped. They're injured and dehydrated, but they're alive. With Janina's help, they make it out of the tunnel and back into the city. "We thought everyone had abandoned us," they say weakly." But you came back for us.""I could never abandon my home," Janina replies with a smile. And from that **moment** on, she knows that Kraków will never be truly lost as long as there are people who care about it **enough** to fight for its survival.

Obecnie Kraków powoli, ale nieubłaganie wraca do życia. Janina i inni **mieszkańcy** niestrudzenie pracowali nad jego **odbudową**, a ich wysiłki wreszcie zaczynają przynosić efekty. Miasto nadal jest dalekie od tego, czym było kiedyś, ale nie jest już miastem duchów. Znów mieszkają tu ludzie, a firmy zaczynają się otwierać. Przed nami długa **droga**, ale Janina wie, że dzięki niej Kraków znów będzie **tętnił życiem**. Janina pracuje nad nowym projektem, który ma pomóc w rewitalizacji miasta. Rozwiesza w całym mieście ulotki reklamujące **ogród** społeczny, który zakłada. Spacerując ulicami miasta, nie może oprzeć się wrażeniu, że z nadzieją patrzy w przyszłość Krakowa. Wie, że potrzeba na to czasu, ale **w końcu** jej ukochane miasto znów będzie tętnić życiem.

These days, Kraków is slowly but surely coming back to life. Janina and the other **residents** have worked tirelessly to **rebuild** it, and their efforts are finally starting to pay off. The city is still far from what it once was, but it's no longer a ghost town. There are people living here again, and businesses are beginning to open up. It's a long **road** ahead, but Janina knows that it will eventually make Kraków **thrive** once again. Janina is working on a new project to help revitalise the city. She's putting up flyers around town, advertising a community **garden** that she's starting. As she walks through the streets, she can't help but feel hopeful for the future of Kraków. She knows that it will take time, but **eventually** her beloved city will be thriving once again.

Pytania na rozumienie tekstu

1. Jak wyglądał Kraków przed wojną?

2. Jak wojna wpłynęła na Kraków?

3. Kim jest Janina?

4. Jaki jest cel Janiny?

5. Co robi Janina, gdy słyszy hałas?

6. Skąd dochodzi hałas?

7. Kto jest uwięziony w tunelu?

8. Co Janina sądzi o przyszłości Krakowa?

9. Jaki jest nowy projekt Janiny?

10. Co czuje Janina, gdy idzie ulicami miasta?

Comprehension Questions

1. What was Kraków like before the war?

2. How did the war affect Kraków?

3. Who is Janina?

4. What is Janina's goal?

5. What does Janina do when she hears a noise?

6. Where does the noise come from?

7. Who is trapped in the tunnel?

8. How does Janina feel about Kraków's future?

9. What is Janina's new project?

10. How does Janina feel as she walks through the streets?

Na plaży

Po wschodzie słońca fale są głośniejsze, a piasek nad odpływem jest biały. Schodzę na plażę, **podziwiając** morze i słońce. Moje palce czują żłobienia muszelek. Piasek jest zimny na moich palcach. Uśmiecham się i idę dalej. Przypływ jest duży, więc muszę uważać, żeby nie dać się wciągnąć. Idę wzdłuż brzegu wody, podziwiając morze. Wschód słońca jest **piękny**, a fale rozbijają się o brzeg. Czuję się tak spokojnie. Dochodzę do miejsca, gdzie znajduje się wychodnia skalna. Siadam i patrzę na fale. Woda jest taka niebieska, a niebo takie **pomarańczowe**. Czuję się jak we śnie. Zamykam oczy i wsłuchuję się w szum fal. Siedziałem tam długo, aż usłyszałem, że ktoś woła moje imię.

At the beach

After sunrise, the waves are louder and the sand above the tide is white. I walk down to the beach, **admiring** the sea and the sun. My toes feel the grooves of shells. The sand is cold on my toes. I smile and keep going. The tide is high, so I have to be careful not to get pulled in. I walk along the water's edge, admiring the sea. The sunrise is **beautiful**, and the waves are crashing. I feel so peaceful. I come to a spot where there is a rock outcropping. I sit down and watch the waves. The water is so blue and the sky is so **orange**. I feel like I'm in a dream. I close my eyes and just listen to the waves. I sat there for a long time, until I heard someone calling my name.

Otwieram oczy i widzę mamę, która idzie w moją stronę. Ma zmartwiony wyraz twarzy. Uśmiecham się i macham, a ona się **rozluźnia**. "Zastanawiałam się, dokąd poszedłeś" - mówi. "Cieszę się, że dobrze się bawisz na plaży". Odpowiadam: "Tak." "Jest tu tak pięknie." "Wiem," mówi. "Kiedy byłam w twoim wieku, ciągle tu przyjeżdżałam". "Naprawdę?" pytam. "Tak" - odpowiada. "To wyjątkowe miejsce." "Czy spotkałaś tu kiedyś kogoś wyjątkowego?" pytam. "Tak" - odpowiada z uśmiechem. "Twojego ojca." "Naprawdę?" mówię **zaskoczony**. "Tak," mówi. "Przychodziliśmy tu razem przez cały czas. Tu się zakochaliśmy. "Uśmiecham się, **wyobrażając sobie, jak** moi rodzice zakochują się na tej pięknej plaży. "To wyjątkowe miejsce" - powtarza. "Cieszę się, że tu dziś przyjechaliście".

I open my eyes and see my mom walking towards me. She has a worried look on her face. I smile and wave, and she **relaxes**. "I was wondering where you went," she says. "I'm glad you're enjoying the beach." I reply, "I am." "It's so beautiful here." "I know," she says. "I used to come here all the time when I was your age." "Really?" I ask. "Yeah," she replies. "It's a special place.""Did you ever meet anyone special here?" I ask. "I did," she replies with a smile. "Your father." "Really?" I say, **surprised**. "Yes," she says. "We used to come here all the time together. It's where we fell in love. " I smile, **imagining** my parents falling in love on this beautiful beach. "It's a special place," she repeats. "I'm glad you came here today."

Siedzimy tam jeszcze przez chwilę, **obserwując** fale i zachód słońca. Potem wstajemy i wracamy do naszych plażowych ręczników. Ja kładę się i patrzę w gwiazdy. Czuję się taka szczęśliwa i zadowolona. Fale są teraz głośniejsze, a piasek zimny. Słońce zachodzi i wieje chłodna bryza. Fale rozbijają się o brzeg, a w powietrzu unosi się zapach soli. To idealny wieczór na plażę. Spaceruję wzdłuż brzegu, **wsłuchując się w** szum fal i obserwując zachód słońca. Widzę grupę ludzi siedzących na piasku, śmiejących się i żartujących. Wygląda na to, że świetnie się bawią. Podchodzę do nich i pytam, czy mogę do nich dołączyć. Zgodzili się i spędziliśmy resztę wieczoru, rozmawiając, śmiejąc się i oglądając zachód **słońca**. To jest doskonały wieczór. Razem z grupą rozmawiamy aż do zachodu słońca. Dzielimy się opowieściami i żartami, wszyscy świetnie się bawimy. Gdy noc zaczyna zapadać, wszyscy zaczynamy odczuwać zmęczenie. Całujemy się na **pożegnanie** i rozstajemy. Wracam do hotelu, czuję się szczęśliwa i zadowolona. Nie mogę uwierzyć, jak pięknie tu jest. Jestem szczęśliwa, że mogłam tego **doświadczyć**.

We sit there for a while longer, **watching** the waves and the sunset. Then we get up and walk back to our beach towels. I lie down and look at the stars. I feel so happy and content. The waves are louder now, and the sand is cold. The sun is setting and a cool breeze is blowing. The waves are crashing against the shore, and the smell of salt is in the air. It is a perfect evening to be at the beach. I am walking along the shore, **listening** to the sound of the waves and watching the sunset. I see a group of people sitting on the sand, laughing and joking around. They look like they are having a great time. I walk over to them and ask if I can join them. They say yes, and we spend the rest of the evening talking, laughing, and watching the **sunset**. It is a perfect evening. The group and I talk until the sun sets. We share stories and jokes, and we all have a great time. As the night starts to fall, we all start to feel tired. We kiss each other **goodbye** and part ways. I walk back to my hotel, feeling happy and content. I can't believe how lovely it is here. I'm so lucky to have **experienced** it.

Pytania na rozumienie tekstu

1. Dokąd udaje się narratorka po przebudzeniu?

2. Czym zachwyca się narratorka, spacerując po plaży?

3. Na co musi uważać narratorka podczas spaceru po plaży?

4. Gdzie siada narrator, aby podziwiać widok?

5. Jak długo narrator tam siedzi?

6. Kogo widzi narratorka, gdy ponownie otwiera oczy?

7. Co mówi matka narratora?

8. O czym rozmawiają narratorka i ludzie, których spotyka?

Comprehension Questions

1. Where does the narrator go after she wakes up?

2. What is the narrator admiring as she walks along the beach?

3. What does the narrator have to watch out for as she walks along the beach?

4. Where does the narrator sit down to enjoy the view?

5. How long does the narrator sit there?

6. Whom does the narrator see when she opens her eyes again?

7. What does the narrator's mother say?

8. What do the narrator and the people she meets talk about?

Kemping nad jeziorem

Idę w stronę jeziora, **podziwiając** spokój tego miejsca. Słońce świeci nad małym jeziorem, sprawiając, że woda wygląda jak tafla szkła. Jedynym ruchem jest sporadyczne falowanie ryby **przełamującej** powierzchnię. Nawet ptaki wydają się odpoczywać od upału, a powietrze wypełnia jedynie dźwięk cykad. **Nagle** spokój przerywa głośny plusk. Duża **ryba** wyskakuje z wody, próbując złapać ważkę. Ryba nie trafia w cel i z pluskiem wpada z powrotem do wody. "Wow", myślę sobie, "to była duża ryba!". Rozejrzałem się, czy nikt inny jej nie widział, ale nikogo nie było w pobliżu. Chyba będę musiał im o tym powiedzieć po powrocie do obozu.

Camping at the Lake

I walk towards the lake, **admiring** the peacefulness of the scene. The sun is beating down on the small lake, making the water look like a sheet of glass. The only movement is the occasional ripple from a fish **breaking** the surface. Even the birds seem to be taking a break from the heat, with only the sound of cicadas filling the air. **Suddenly**, the peace is broken by a loud splash. A large **fish** has jumped out of the water, trying to catch a dragonfly. The fish misses its target and falls back into the water with a splash. "Wow," I think to myself, "that was a big fish!." I looked around to see if anyone else saw it, but there was no one around. I guess I'll have to tell them when I get back to camp.

Upał jest **uciążliwy**, trudno oddychać. Powietrze jest gęste i ciężkie, jak owinięty wokół ciebie koc. Jedyną ulgę przynosi woda. Jest chłodna i orzeźwiająca, jak zimny napój w upalny dzień. Biorę głęboki oddech i zanurzam się w wodzie. Ulga jest natychmiastowa, bo otacza mnie chłodna woda. Płynę do dna, a potem wypływam na powierzchnię, czując, jak woda chłodzi moje ciało. Kontynuuję **pływanie**, ciesząc się chwilą wytchnienia od upału. Po pewnym czasie wychodzę z wody i kładę się na trawie, pozwalając, aby słońce osuszyło moje ciało. Zamykam oczy i odpływam w sen, a dźwięk **cykad wprowadza** mnie w głęboki sen. Pozwalam słońcu wypalić wodę z mojej skóry. Czuję, że moja skóra robi się czerwona, ale nie dbam o to. Jest mi zbyt gorąco, by się tym przejmować. Następną rzeczą, jaką pamiętam, jest zachodzące słońce. Niebo ma piękny pomarańczowy kolor ze smugami różu i fioletu. Upał zniknął, zastąpiony przez chłodną **bryzę**.

The heat is **oppressive**, making it hard to breathe. The air is thick and heavy, like a blanket wrapped around you. The only relief is in the water. It is cool and refreshing, like a cold drink on a hot day. I take a deep breath and dive into the water. The relief is immediate as the cool water surrounds me. I swim down to the bottom and then back up to the surface, feeling the water cool my body. I continue **swimming** laps, enjoying the respite from the heat. After a while, I get out of the water and lie down on the grass, letting the sun dry my body. I close my eyes and drift off to sleep, the sound of the **cicadas** lulling me into a deep slumber. I let the sun bake the water out of my skin. I can feel my skin getting red, but I don't care. I am too hot to care. The next thing I know, the sun is setting. The sky is a beautiful orange, with streaks of pink and purple. The heat is gone, replaced by a cool **breeze**.

Wstaję i zakładam ubranie, czuję się odświeżona i odmłodzona. Biorę głęboki **wdech** chłodnego powietrza i uśmiecham się. Dobrze jest być żywym. Wracam do obozowiska, podziwiając, jak kolory tańczą na niebie. W oddali widzę płonące ognisko, a w powietrzu czuję zapach dymu. Uśmiecham się i **przyspieszam** kroku. Jestem gotowa, by się zrelaksować i cieszyć się resztą wieczoru. Wchodzę na kemping i widzę, że wszyscy zgromadzili się wokół ogniska. **Śmieją** się i żartują, a w ich oczach odbija się ogień. Uśmiecham się i siadam obok moich przyjaciół. Dobrze jest być z powrotem. Następnego ranka budzę się wcześnie i zaczynam pakować swoje rzeczy. Nie mogę się doczekać powrotu na szlak i kontynuowania podróży. Żegnam się z przyjaciółmi i ruszam w drogę. Idąc, po raz ostatni spoglądam na **kemping**. W oddali widzę wciąż płonące ognisko, a w powietrzu czuć zapach dymu. Uśmiecham się i przyspieszam kroku. Jestem gotowy do dalszej **wędrówki**.

I get up and put my clothes back on, feeling refreshed and rejuvenated. I take a deep **breath** of the cool air and smile. It feels good to be alive. I walk back to the campsite, admiring the way the colors dance in the sky. I can see the campfire burning in the distance, and I can smell the smoke in the air. I smile and **quicken** my pace. I am ready to relax and enjoy the rest of my evening. I walk into the campsite and see that everyone is gathered around the fire. They are **laughing** and joking, and I can see the fire reflecting in their eyes. I smile and sit down next to my friends. It is good to be back. The next morning, I wake up early and start to pack up my things. I am eager to get back on the trail and continue my journey. I say goodbye to my friends and start to walk away. As I walk, I take one last look at the **campsite**. I can see the fire still burning in the distance, and I can smell the smoke in the air. I smile and quicken my pace. I'm ready to continue my **journey**.

Pytania na rozumienie tekstu

1. Dokąd zmierza piechur?

2. Jaka jest pogoda?

3. Jak wygląda woda?

4. Jak piechur reaguje na ciepło?

5. Co robi ryba?

6. Dlaczego spacerowicz jest sam?

7. Jakie wrażenie robi woda?

8. Jak się czuje piechur po pływaniu?

9. O jakiej porze dnia budzi się piechur?

10. Dokąd idzie wędrowiec, gdy opuszcza obóz?

Comprehension Questions

1. Where is the walker going?

2. What kind of weather is it?

3. What does the water look like?

4. How does the walker react to the heat?

5. What is the fish doing?

6. Why is the walker alone?

7. How does the water feel?

8. How does the walker feel after swimming?

9. What time of day is it when the walker wakes up?

10. Where does the walker go when he leaves the camp?

Dom

W zeszłym tygodniu wprowadziłam się do nowego domu i jestem taka **podekscytowana**! Jest o wiele większy niż mój stary i ma duże podwórko. Nie mogę się doczekać, kiedy będę mogła zapraszać przyjaciół na grilla i imprezy. Moją **ulubioną** częścią jest moja nowa sypialnia. Jest taka duża i jasna, a ja mam w niej dużo miejsca na swoje rzeczy. Jestem bardzo zadowolona z mojego nowego domu i myślę, że będę tu bardzo szczęśliwa. Postanowiłem jeszcze trochę pozwiedzać dom. Weszłam na drugie piętro i zaczęłam iść do kuchni, kiedy zobaczyłam wielkiego czarnego pająka na ścianie! Krzyknęłam i zbiegłam na dół. Tak bardzo się **bałam**! Ale po kilku minutach uspokoiłem się i postanowiłem wrócić na górę. Powoli dotarłem do kuchni i zobaczyłem, że pająka już nie ma. Bardzo mi ulżyło! Wróciłem na dół i postanowiłem wyjść na zewnątrz, aby zbadać **podwórko**. Był taki duży! Nie mogłem w to uwierzyć. W rogu widziałem huśtawkę i zjeżdżalnię. Zobaczyłem też siatkę do koszykówki i **trampolinę**. Byłem taki podekscytowany!

The House

I moved into my new house last week, and I am so **excited**! It is so much bigger than my old one, and it has a big backyard. I can't wait to have friends over for BBQs and parties. My **favourite** part is my new bedroom. It is so big and bright, and I have lots of space to put all of my things. I am really happy with my new house and I think I will be very happy here. I decided to explore the house a bit more. I went upstairs to the second floor and started making my way to the kitchen when I saw a big black spider on the wall! I screamed and ran downstairs. I was so **scared**! But after a few minutes, I calmed down and decided to go back upstairs. I slowly made my way to the kitchen and saw that the spider was gone. I was so relieved! I went back downstairs and decided to go outside to explore the **backyard**. It was so big! I couldn't believe it. I saw a swing set in the corner and a slide. I also saw a basketball net and a **trampoline**. I was so excited!

Nie mogę się doczekać, kiedy użyję tych wszystkich nowych rzeczy. **Sąsiedzi** przyszli i przedstawili się. Wydawali się bardzo mili i przez chwilę rozmawialiśmy. Zaprosili mnie na grilla w następny weekend, a ja powiedziałam, że z przyjemnością przyjdę. Pierwszy tydzień w nowym domu był wspaniały i jestem podekscytowana nowymi przygodami, które mnie czekają. Dziś znów zamierzam poszperać na podwórku i zobaczyć, co jeszcze uda mi się znaleźć. Kto wie, może nawet znajdę jakiś **skarb**. Nie mogę się doczekać, co przyniesie następny tydzień! W następnym tygodniu znów poszedłem na podwórko i znalazłem **tajemniczy** ogród. Był taki piękny! Wszędzie były kwiaty i mały staw z rybkami. Zobaczyłam też huśtawkę, której wcześniej nie widziałam. Byłem bardzo podekscytowany, że znalazłem ten tajemniczy ogród i nie mogę się doczekać, aby go jeszcze odkryć. To było takie **piękne**!

I can't wait to use all of this new stuff. The **neighbours** came over and introduced themselves. They seemed really nice, and we talked for a while. They invited me to their BBQ next weekend, and I said I would love to come. I had a great first week in my new house, and I am excited about all of the new adventures that are ahead. Today, I am going to go exploring in the backyard again and see what else I can find. Who knows, maybe I'll even find some **treasure**. I can't wait to see what the next week brings! The next week, I went exploring in the backyard again, and I found a **secret** garden. It was so beautiful! There were flowers everywhere and a little pond with fish in it. I also saw a swing set that I hadn't seen before. I was so excited to find this secret garden, and I can't wait to explore it more. It was so **beautiful**!

Wszędzie były kwiaty i mały staw z rybkami. Zobaczyłam też **huśtawkę,** której wcześniej nie widziałam. Byłem bardzo podekscytowany, że znalazłem ten tajemniczy ogród i nie mogę się doczekać, aby go jeszcze odkryć. Bardzo podobał mi się mój nowy pokój. Był taki duży i jasny, a na ścianach wisiały już plakaty moich ulubionych zespołów. Nie musiałam nawet przynosić żadnych **mebli**, ponieważ było tam już łóżko, komoda i biurko. To będzie najlepszy rok w moim życiu! Trochę się denerwowałam, że zaczynam naukę w nowej **szkole,** ale wszyscy moi nowi sąsiedzi są bardzo przyjaźni. Poznałam nawet dziewczynę, która mieszka obok, i powiedziała, że pierwszego dnia pójdzie ze mną do szkoły na piechotę. Bardzo podoba mi się mój nowy dom i cieszę się, że mogę rozpocząć ten nowy rozdział w moim życiu! Jutro będzie wspaniale! Ciekawe, jakie przygody mnie czekają. Wszystkie moje rzeczy zostały rozpakowane, a ja jestem gotowa do spania. Nie mogę się doczekać, aby zobaczyć, co przyniesie **jutro**!

There were flowers everywhere and a little pond with fish in it. I also saw a **swing** set that I hadn't seen before. I was so excited to find this secret garden, and I can't wait to explore it more. I also loved my new room. It was so big and bright, and there were already posters of my favourite bands on the walls. I didn't even have to bring any of my own **furniture** because there was already a bed, dresser, and desk here. This is going to be the best year ever! I was a little nervous about starting at a new **school**, but all of my new neighbours have been so friendly. I even met a girl who lives next door, and she says that she'll walk to school with me on my first day. I love my new house, and I'm so excited to start this new chapter in my life! Tomorrow is going to be great! I wonder what adventures lie ahead. All of my belongings have been unpacked, and I'm ready for bed. I can't wait to see what **tomorrow** brings!

Pytania na rozumienie tekstu

1. Gdzie mieszka dana osoba?

2. Jak osobie podoba się w nowym domu?

3. Jaka jest ulubiona część nowego domu?

4. Co osoba znalazła w ogrodzie?

5. Kim są sąsiedzi?

6. Jak wyglądały pierwsze dni osoby w nowym domu?

7. Jaka jest ulubiona część nowego pokoju?

8. Co dana osoba planuje robić jutro?

9. Co było najlepsze w pierwszym tygodniu pobytu w nowym domu?

10. Co znajduje się w nowym pokoju tej osoby?

Comprehension Questions

1. Where does the person live?

2. How does the person like it in the new house?

3. What is the person's favorite part of the new house?

4. What did the person find in the garden?

5. Who are the neighbors?

6. How did the person's first days in the new house feel?

7. What is the person's favorite part of the new room?

8. What is the person planning to do tomorrow?

9. What was the best part of the person's first week in the new house?

10. What is everything in the person's new room?

W pociągu

Pobiegłem na dworzec kolejowy, ale było za późno. Pociąg odjechał już beze mnie. Byłam **zła** i **rozczarowana** sobą. Planowałam pojechać pociągiem, aby odwiedzić dziadków, którzy mieszkają na wsi, ale teraz musiałam czekać całą godzinę na następny pociąg. Zamiast tego postanowiłem przejść się trochę po mieście i spróbować zapomnieć o straconej szansie. Podczas spaceru zacząłem **marzyć** o wszystkich miejscach, do których mogą zabrać nas **pociągi**. Nagle przestałem się tak bardzo denerwować. Wracam na stację i nie mogę nie zauważyć dużej czerwono-biało-niebieskiej lokomotywy, która zmierza w moją stronę. Dopiero gdy widzę **konduktora** machającego do mnie z okna, uświadamiam sobie, że ten pociąg jest dla mnie. Wsiadam do pociągu, zajmuję miejsce i czekam na to, co zapowiada się na długą podróż.

On the train

I ran to the train station, but I was too late. The train had already left without me. I felt so **angry** and **disappointed** with myself. I had been planning to take the train to visit my grandparents who live in the country, but now I would have to wait a whole hour for the next train. I decided to walk around the city for a while instead and tried to forget about my missed opportunity. As I walked, I started **daydreaming** about all of the places that **trains** can take you. Suddenly, I wasn't so upset anymore. I head back into the station and can't help but to notice the large red, white, and blue locomotive chugging its way towards me. It's not until I see the **conductor** waving at me from the window that I realise that this train is for me. I board the train and find my seat, settling in for what promises to be a long journey.

Kiedy wyjeżdżamy ze stacji, nie mogę przestać się zastanawiać, dokąd zabierze mnie ten pociąg. Przez zielone **pola** i błękitne rzeki, przez góry i doliny - nie wiadomo, dokąd pojedzie ten stary pociąg. Gdy zaczyna zapadać noc, zapadam w **spokojny** sen, kołysany **rytmicznym** ruchem wagonów na torach poniżej. Kiedy nadchodzi ranek, otwieram oczy i widzę, że dotarliśmy do małego miasteczka, gdzieś pośrodku niczego. Słońce dopiero przebija się przez horyzont, a mieszkańcy zaczynają się zbierać na głównej ulicy; wygląda to jak każdy inny dzień, z wyjątkiem jednej rzeczy - w pobliżu ratusza widnieje duży znak z napisem "Witamy na pokładzie!". Wygląda na to, że to małe miasteczko czekało na nas, mimo że jesteśmy tylko zwykłym pociągiem **pasażerskim** przejeżdżającym w drodze do innego miejsca. Gdy po raz kolejny zostawiamy miasto za sobą, pędząc nie wiadomo dokąd, uśmiecham się do wszystkich przyjaznych twarzy machających na pożegnanie z małych domków położonych wśród **pól - to** naprawdę niesamowite, jak coś tak pozornie zwyczajnego może przynieść tyle radości po prostu przejeżdżając obok. No i oczywiście są jeszcze **dzieci**.

As we pull out of the station, I can't help but wonder where this train will take me. Through **fields** of green and over rivers blue, past mountains and valleys too, there's no telling where this old train will go. As night begins to fall, I drift off into a **peaceful** sleep, lulled by the **rhythmic** movement of the cars on the tracks below. When morning comes again, I open my eyes to find that we've arrived in a small town somewhere in the middle of nowhere. The sun is just peeking over the horizon as locals start milling about on Main Street; it looks like any other day here except for one thing-there's a big sign posted near City Hall that reads "Welcome aboard!" It seems this little town has been expecting us, even though we're just an ordinary **passenger** train passing through on our way elsewhere. As we leave town behind us once more, chugging along towards who knows where next, I smile at all the friendly faces waving goodbye from those little houses nestled amongst **farmland**—it really is amazing how something so seemingly ordinary can bring so much joy simply by passing through. And then, of course, there are the **children**.

Wychylam się przez okno mojej lokomotywy. Zawsze sprawiają mi radość swoimi błyszczącymi oczami i wielkimi uśmiechami. Pomachałem do nich energicznie, po czym wróciłem do swojej **kabiny i usiadłem**. To był długi dzień, ale jeszcze się nie skończył; do **celu pozostało** jeszcze kilka godzin. Wyciągam książkę i zaczynam czytać, pozwalając, by rytmiczne kołysanie pociągu wprowadziło mnie w spokojny stan. Co jakiś czas spoglądam w górę na mijane na zewnątrz krajobrazy - nigdy się nie znudzą, niezależnie od tego, ile razy je widzę. W końcu zapada noc, a w oddali pojawiają się **migoczące** światła - jesteśmy coraz bliżej. Wkrótce wjeżdżamy na stację i zatrzymujemy się. Gdy pasażerowie zaczynają wysiadać, nie mogę powstrzymać się od **refleksji,** że pociągi zawsze były tak ważną częścią mojego życia. Zabrały mnie w tak wiele przygód, zarówno prawdziwych, jak i **wymyślonych,** za co będę im dozgonnie wdzięczny.

I lean out the window of my locomotive. They always make me feel so happy with their shining eyes and big grins. I waved back at them energetically before returning to my **cabin** and taking a seat. It's been a long day already, but it's not over yet; there's still another few hours until we reach our final **destination**. I pull out my book and start reading, letting the rhythmic rocking of the train lull me into a peaceful state. Every now and then I glance up at the scenery passing by outside—it never gets old no matter how many times I see it. Eventually, night starts to fall and **twinkling** lights start to appear in the distance; we're getting close now. Soon enough, we're pulling into the station and coming to a stop. As passengers start disembarking, I can't help but **reflect** on how trains have always been such an important part of my life. They've taken me on so many adventures, both real and **imaginary**, and for that I will be forever grateful.

Pytania na rozumienie tekstu

1. Dokąd jedzie pociąg?

2. Kto jedzie pociągiem?

3. Kiedy odjeżdża pociąg?

4. W jaki sposób bohater dostaje się do pociągu?

5. Skąd przyjeżdża pociąg?

6. Dokąd jedzie pociąg?

7. Kiedy przyjechali pasażerowie?

8. Co czuje bohater, gdy spóźnia się na pociąg?

9. Jak reaguje maszynista pociągu, gdy widzi bohatera?

10. Dlaczego bohater lubi pociągi?

Comprehension Questions

1. Where is the train going?

2. Who is traveling on the train?

3. When does the train leave?

4. How does the protagonist get on the train?

5. Where does the train come from?

6. Where is the train going next?

7. When did the passengers arrive?

8. How does the protagonist feel when he misses the train?

9. How does the train driver react when he sees the protagonist?

10. Why does the protagonist like trains?

Gotowanie obiadu

Jest 17:00, a ja wracam z pracy. Nie mogę **się** doczekać spokojnego wieczoru w domu z moim partnerem. Ugotujemy razem kolację, a potem przez resztę wieczoru będziemy się relaksować. Dobrze jest wiedzieć, że tego **wieczoru** nie mam żadnych planów ani obowiązków. Przyjeżdżam do domu, a mój partner jest już w kuchni i zaczyna przygotowywać kolację. Pachnie tu **niesamowicie**! Podczas gotowania rozmawiamy, opowiadając sobie nawzajem o tym, jak minął nam dzień i dzieląc się drobnymi historiami z naszego życia zawodowego. Kuchnia jest moim ulubionym pomieszczeniem w naszym mieszkaniu. Uwielbiam gotować, a szczególnie uwielbiam gotować z moim partnerem. Zawsze dobrze się tu bawimy, śmiejąc się i żartując podczas gotowania. Poza tym, gdy pracujemy **razem,** jedzenie jest zawsze **niesamowite.**

Cooking Dinner

It's 5 pm now and I am walking home from work. I'm looking **forward** to having a calm evening at home with my partner. We'll cook dinner together and then just relax for the rest of the night. It feels good to know that I don't have any plans or obligations this **evening**. I arrive home and my partner is already in the kitchen, starting to prepare our dinner. It smells **amazing** in here! We chat as we cook, catching up on each other's days and sharing little stories from our work lives. The kitchen is my favourite room in our apartment. I love cooking, and I especially love cooking with my partner. We always have such a good time in here, laughing and joking around while we cook up a storm. Plus, the food is always **incredible** when we work **together**.

Dziś wieczorem przygotowujemy jeden z moich ulubionych przepisów: parmezan z **kurczaka**. Mój partner zaczyna od panierowania kurczaka, podczas gdy ja przygotowuję sos na **kuchence**. Pracujemy razem jak dobrze naoliwiona maszyna i wkrótce obiad jest gotowy do podania. Siadamy przy naszym małym kuchennym stole z **talerzami wypełnionymi** kurczakiem po parmezańsku, makaronem i sałatką. Stukamy się kieliszkami i bierzemy pierwszy kęs - jest **niebiański**! Kurczak jest chrupiący na zewnątrz, ale soczysty w środku; sos jest aromatyczny i doskonały; makaron ugotowany al dente... wszystko smakuje dziś absolutnie idealnie. Oboje wiemy, że to był jeden z tych wieczorów, kiedy wszystko doskonale się połączyło, a my **delektujemy się** każdym kęsem naszego pysznego posiłku. Smakowało nawet lepiej niż pachniało - co było cholernie dobre! Kończymy posiłek stosunkowo szybko, bo żadne z nas nie jest dziś szczególnie głodne, ale nie spieszymy się, wypijając jeszcze kilka **kieliszków** wina i rozmawiając lekko na ten czy inny temat. Po kolacji szybko sprzątamy, a potem przenosimy się do salonu, gdzie spędzamy trochę czasu, **przytulając się do siebie** na kanapie i oglądając telewizję.

Tonight, we're making one of my all-time favourite recipes: **chicken** Parmesan. My partner starts by breading the chicken while I get the sauce simmering on the **stovetop**. We work together like a well-oiled machine, and before long, dinner is ready to serve. We sit down at our little kitchen table with **plates** heaped high with chicken Parmesan, pasta, and salad. We clink glasses and take our first bite—and it's **heavenly**! The chicken is crispy on the outside but juicy on the inside; the sauce is flavorful and perfect; the pasta is cooked al dente... everything tastes absolutely perfect tonight. We both know that this was one of those nights where everything just came together perfectly as we **savour** every last bite of our delicious meal. It tasted even better than it smelled—which was pretty damn good! We finish our meal relatively quickly as neither of us is particularly hungry today, but we take our time enjoying a few more **glasses** of wine while chatting lightly about this and that topic. After dinner, we clean up quickly together and then move into the living room, where we spend some time **cuddling** on the couch while watching TV.

To takie miłe uczucie być blisko siebie po długim dniu **pracy**. Czuję się zadowolona. Mimo że wieczór nie był pełen wrażeń, miło było spędzić trochę czasu razem, nie wychodząc z domu. Obejrzeliśmy film i wcześnie poszliśmy do łóżka, czując się **usatysfakcjonowani** naszym prostym wieczorem. Stało się to jedną z naszych **ulubionych** rzeczy, które robimy w wieczory, gdy nie mamy ochoty wychodzić z domu - po prostu relaksujemy się w domu i cieszymy się swoim towarzystwem przy domowym posiłku. Zawsze miło jest wiedzieć, że po ciężkim dniu możemy tu wrócić i po prostu być sobą. **W końcu** oboje zaczynamy ziewać, więc postanawiamy pójść na górę do łóżka, gdzie czytamy, a potem wtulamy się w kołdrę i spokojnie zasypiamy.

It feels so nice just being close to each other after a long day apart **working**. I feel content. Even though we didn't have an eventful evening, it was nice to just spend some time together without having to leave the house. We watched a movie and went to bed early, feeling **satisfied** with our simple night in. This has become one of our **favourite** things to do on nights when we don't want to go out—just relax at home and enjoy each other's company over a home-cooked meal. It's always nice to know that we can come back here after a long day and just be ourselves. **Eventually**, we both start yawning, so we decide to head upstairs to bed, where we read for a bit before snuggling close under the covers and falling asleep soundly.

Pytania na rozumienie tekstu

1. Skąd pochodzi narrator?

2. Co robi narrator po pracy?

3. Co narrator je na kolację?

4. Dlaczego narrator lubi kuchnię?

5. Jakie danie gotuje para?

6. Jak się czuje narrator pod koniec wieczoru?

7. Jakie jest ulubione zajęcie pary?

8. Co robi para, gdy jest zmęczona?

9. Gdzie śpią?

10. Dlaczego narrator lubi przebywać w domu?

Comprehension Questions

1. Where does the narrator come from?

2. What does the narrator do after work?

3. What does the narrator eat for dinner?

4. Why does the narrator like the kitchen?

5. What kind of dish does the couple cook?

6. How does the narrator feel at the end of the evening?

7. What is the couple's favorite thing to do?

8. What do the couple do when they get tired?

9. Where do they sleep?

10. Why does the narrator like to stay at home?

Spacer do domu

Była to **spokojna** noc, gdy wracałem z pracy do domu. Idąc, nie mogłem powstrzymać się od uśmiechu na wspomnienie. Dobrze było być znowu w mojej starej dzielnicy. Pomachałem do kilku znajomych osób, a oni odwzajemnili moje pozdrowienia. Dobrze było być w domu. Przechodząc obok mojej starej szkoły, **przypomniałem sobie** wszystkie miłe chwile spędzone z przyjaciółmi. Zawsze wracaliśmy do domu razem i rozmawialiśmy o naszym dniu. **Czasami** zatrzymywaliśmy się, żeby kupić lody lub pójść do parku. To były najlepsze czasy. Brakuje mi tych chwil. Ale teraz mam własną rodzinę i jestem zadowolona z życia. Cieszę się, że mogę spojrzeć wstecz na te wspomnienia i uśmiechnąć się. Są one częścią mojego życia, którą zawsze będę cenił. To były najlepsze czasy. Tęsknię za tymi czasami. Ale teraz mam własną rodzinę i jestem zadowolony z życia. Cieszę się, że mogę spojrzeć wstecz na te **wspomnienia** i uśmiechnąć się. Są one częścią mojego życia, którą zawsze będę cenić.

Walking Home

It was a **peaceful** night as I walked home from work. As I walked, I couldn't help but smile at the memories. It felt good to be back in my old neighborhood. I waved to a few people I knew, and they waved back. It was good to be home. I walked past my old school and **remembered** all the good times I had with my friends. We would always walk home together and talk about our day. **Sometimes** we would stop and get ice cream or go to the park. Those were the best times. I miss those times. But now I have my own family and I'm happy with my life. I'm glad I can look back on those memories and smile. They are a part of my life that I will always cherish. Those were the best times. I miss those times. But now I have my own family and I'm happy with my life. I'm glad I can look back on those **memories** and smile. They are a part of my life that I will always cherish.

Idę dalej, myśląc o dobrych chwilach spędzonych z moimi przyjaciółmi. Wiem, że wkrótce znów się z nimi spotkam. Kieruję się w stronę domu i postanawiam przejść się po pobliskim parku. Słońce już zachodzi, a niebo przybiera **piękny** pomarańczowy kolor. Park jest pusty, poza kilkoma ptakami ćwierkającymi na drzewach. Biorę głęboki **oddech** i uśmiecham się. Kiedy spaceruję po parku, widzę, jak po niebie przemyka spadająca gwiazda. Wypowiedziałem życzenie do tej gwiazdy i poszedłem dalej. Myślę o moim dniu w pracy i o tym, jak było **spokojnie**. Uśmiecham się do siebie, myśląc o tym, jakie mam szczęście, że mam tak wspaniałą pracę. Wracam do domu, **czując** na skórze chłodne, nocne powietrze. Czuję się taka żywa i szczęśliwa, ciesząc się prostą czynnością, jaką jest powrót do domu w spokojną noc. Czułem się tak dobrze, że zacząłem **gwizdać**. Przeszedłem obok kilku osób na ulicy, ale wszyscy byli zajęci swoimi sprawami.

I keep walking, thinking about the good times I had with my friends. I know I'll see them again soon. I head towards my home and decide to walk through a park nearby. The sun is setting and the sky is turning a **beautiful** orange color. The park is empty, except for a few birds chirping in the trees. I take a deep **breath** and smile. As I walk through the park, I see a shooting star streak across the sky. I made a wish on that star, and kept walking. I think about my day at work and how **peaceful** it was. I smile to myself, thinking about how lucky I am to have such a great job. I walk home, **feeling** the cool night air on my skin. I feel so alive and happy, just enjoying the simple act of walking home on a peaceful night.

I felt so good, I started **whistling**. I walked past a few people on the street, but they were all minding their own business.

Skręciłem za róg mojej ulicy i zobaczyłem kota mojego sąsiada, pana Whiskersa, siedzącego na moim ganku. Przywitałem się z nim, a on odpowiedział miauknięciem. **Odblokowałem** drzwi i wszedłem do środka. Tak się cieszyłem, że jestem w domu. Zdjąłem buty i przygotowałem się do spania. Tej nocy położyłem się do łóżka szczęśliwy i wdzięczny, a moje serce było pełne miłości. Spałem spokojnie przez całą noc, nie martwiąc się o nic. Obudziłem się ze spokojnego snu i **powitało mnie** słońce wpadające przez okno. Wstałem z łóżka, przeciągnąłem się, wziąłem głęboki oddech i poczułem, jak chłodne powietrze wypełnia moje płuca. Podszedłem do okna i wyjrzałem na zewnątrz, słysząc śpiew ptaków i zabawy **wiewiórek**. Uśmiechnąłem się i ubrałem, czując się szczęśliwy i zadowolony. Miałam wspaniały dzień, spędzony z **przyjaciółmi** i rodziną. Śmiałam się, żartowałam i po prostu dobrze **się bawiłam**.

I turned the corner onto my street and saw my neighbor's cat, Mr. Whiskers, sitting on my porch. I said hello to him and he meowed back. I **unlocked** my door and went inside. I was so happy to be home. I took off my shoes and got ready for bed. I went to bed that night feeling happy and grateful, my heart full of love. I slept soundly through the night, not worrying about anything. I woke up from a restful sleep and was **greeted** by the sun shining in through my window. I got out of bed and stretched, taking a deep breath and feeling the cool air fill my lungs. I walked to my window and looked out, hearing the birds chirping and the **squirrels** playing. I smiled and went to get dressed, feeling happy and content. I had a great day, spending time with my **friends** and family. I laughed and joked and just **enjoyed** myself.

Pytania na rozumienie tekstu

1. Co robił bohater, gdy opowiadanie się zaczynało?

2. O czym myślał bohater, idąc do domu?

3. Co bohater robił po szkole z przyjaciółmi?

4. Za czym bohater tęskni w tamtych czasach?

5. Co bohater myśli o swoim obecnym życiu?

6. Co robi bohater, gdy widzi spadającą gwiazdę?

7. Co czuje bohater, gdy idzie do domu?

8. Co robi bohater po powrocie do domu?

9. Jak się czuje bohater, gdy budzi się następnego ranka?

10. Co bohater robi następnego dnia?

Comprehension Questions

1. What was the protagonist doing when the story started?

2. What did the protagonist think about when walking home?

3. What did the protagonist used to do with friends after school?

4. What does the protagonist miss about those times?

5. What does the protagonist think about their current life?

6. What does the protagonist do when they see a shooting star?

7. How does the protagonist feel when they walk home?

8. What does the protagonist do when they get home?

9. How does the protagonist feel when they wake up the next morning?

10. What does the protagonist do the next day?

Zamek

Rodzina zawsze chciała zwiedzić stary zamek w **Niemczech i w** końcu się na to zdecydowała. Nie byli **rozczarowani**. Zamek był piękny, a zwiedzanie jego wielu pomieszczeń i korytarzy sprawiło im wiele radości. Pierwszą rzeczą, która rzuciła im się w oczy, był zapach. Znaleźli tam **pleśń**, wilgoć i coś jeszcze, czego nie potrafili określić. Drugą rzeczą był dźwięk. Kamienne ściany są grube, ale nie tłumią całkowicie dźwięków. Słyszeli każdy krok, każde słowo wypowiedziane normalnym głosem, a czasem także kapanie wody **gdzieś** w oddali. Gdy ich oczy przyzwyczaiły się do słabego światła, zobaczyli potężne kamienne ściany, z których zwisały **potargane** gobeliny. Znajdowali się w ogromnej sali z wysokim sufitem wspartym na rzeźbionych filarach. Podobały im się też widoki z wieżyczek, a dzieci świetnie się bawiły, biegając po terenie. Gdy skończyli zwiedzać zamek, **słońce** zaczęło już zachodzić i żałowali, że nie wzięli ze sobą **latarki**. Postanowili wrócić do wejścia, ale szybko się zgubili. Błąkali się godzinami, aż w końcu natrafili na drzwi, które prowadziły na zewnątrz. Szli dalej, aż doszli **do** końca korytarza i stanęli przed imponującym zestawem podwójnych drzwi. Próbowali jak mogli, ale drzwi nie chciały się ruszyć. Grzechotały **złowieszczo,** ale nie poruszyły się ani o cal. Wyglądało na to, że

The Castle

The family had always wanted to visit an old castle in **Germany**, and finally they took the trip. They were not **disappointed**. The castle was beautiful, and they enjoyed exploring its many rooms and corridors. The first thing that hit them was the smell. They found **mould**, dampness, and something else they couldn't quite put their finger on. The second thing was the sound. Stone walls are thick, but they don't deaden sound completely. They heard every footstep, every word spoken in a normal voice, and the occasional drip of water **somewhere** in the distance. As their eyes adjusted to the dim light, they saw massive stone walls looming all around them, tapestries hanging from them in **tattered** shreds. They were standing in a huge hall with a high ceiling supported by carved pillars. They also loved the views from the turrets, and the kids had a great time running around the grounds. The **sun** had begun to set by the time they finished exploring the castle, and they regretted that they hadn't brought a **flashlight**. They decided to make their way back to the entrance, but soon found themselves lost. They wandered around for what felt like hours, until finally they came across a door that led outside. They continued until they **reached** the end of the hall and came to an imposing set of double doors. Try as they

ktokolwiek tu wcześniej był, musiał tędy przejść i zamknąć je od środka. W końcu udało im się znaleźć wyjście. Gdy wyszli na chłodne, nocne powietrze, poczuli ulgę.

Słońce zaczęło zachodzić i **żałowali,** że nie wzięli ze sobą latarki. Postanowili wrócić do wejścia, ale szybko się zgubili. Błąkali się godzinami, aż w końcu natrafili na drzwi, które prowadziły na **zewnątrz**. Gdy wyszli na chłodne, nocne powietrze, poczuli ulgę. Następnego wieczoru postanowili zabrać ze sobą latarkę, aby zwiedzić resztę zamku. Przeszli przez **dziedziniec** i zeszli do rzeki, która płynęła za murami **zamku.** Gdy chodzili po okolicy, zaczęli słyszeć dziwne odgłosy. Wyglądało na to, że ktoś ich śledzi. Przyspieszyli kroku, ale odgłosy były coraz głośniejsze i bliższe. Rodzina wróciła do zamku tak szybko, jak tylko mogła, i z ulgą zauważyła, że postać w **ciemnej** pelerynie nie podążyła za nimi.

might, the doors wouldn't budge. They rattle **ominously** but don't move an inch. It looked like whoever was here before must have gone through here and locked them from inside. Eventually, they find a way out. Relief washed over them as they stepped out into the cool night air.

The sun had begun to set, and they **regretted** that they hadn't brought a flashlight. They decided to make their way back to the entrance, but soon found themselves lost. They wandered around for what felt like hours, until finally they came across a door that led **outside**. Relief washed over them as they stepped out into the cool night air. The next evening, they made sure to take a flashlight with them as they explored the rest of the castle. They walked through the **courtyard** and down to the river that ran behind the **castle** walls. As they walked around, they began to hear strange noises. It sounded like someone was following them. They quickened their pace, but the noises got louder and closer. The family ran back to the castle as fast as they could, and they were relieved to see that the figure in the **dark** cloak had not followed them.

Wrócili do swojego pokoju i próbowali zapomnieć o tym, co się stało, ale nie mogli pozbyć się wrażenia, że coś obserwuje ich z ukrycia. Kiedy znaleźli się już w środku, **zabarykadowali** drzwi i okna, po czym zadzwonili na policję. To była długa noc, ale w końcu policja przyjechała i zatrzymała postać. Później okazało się, że był to tylko miejscowy mężczyzna, który był znany z przebierania się i straszenia ludzi. Robił to od lat i był to tylko **nieszkodliwy** żart. Tym razem jednak posunął się za daleko i przestraszył niewłaściwych ludzi. Policja aresztowała go i oskarżyła o wtargnięcie i zakłócanie spokoju. Mężczyzna został **skazany** na prace społeczne i otrzymał nakaz trzymania się z dala od okolicy, w której przestraszył ludzi. Zastosował się do nakazu i przestał się przebierać i **straszyć** ludzi. Rodzina odetchnęła z **ulgą**, że był to tylko miejscowy mężczyzna, a nie duch czy potwór. Podziękowali policji za pomoc i wrócili do swojego pokoju hotelowego.

They went back to their room and tried to forget about what had happened, but they could not shake the feeling that something was watching them from the shadows. Once they were inside, they **barricaded** the doors and windows and called the police. It was a long night, but eventually the police arrived and apprehended the figure. They later found out that it was just a local man who was known to dress up and scare people. He had been doing it for years, and it was just a **harmless** prank. However, this time he had gone too far and scared the wrong people. The police arrested him and charged him with trespassing and disturbing the peace. The man was **sentenced** to community service and was ordered to stay away from the neighbourhood where he had scared the people. He complied with the order and stopped dressing up and **scaring** people. The family was **relieved** that it was just a local man and not a ghost or monster. They thanked the police for their help and went back to their hotel room.

Pytania na rozumienie tekstu

1. Co zrobiła rodzina, gdy zgubiła się w zamku?

2. Jak czuła się rodzina, gdy dowiedziała się, że to tylko miejscowy człowiek?

3. Co takiego zrobił mężczyzna, że został aresztowany?

4. Jaki był wyrok dla tego człowieka?

5. Jaki hałas usłyszała rodzina podczas spaceru?

6. Gdzie znajdowała się postać w ciemnym płaszczu, gdy zobaczyła ją rodzina?

7. Co robiła rodzina po powrocie do swojego pokoju?

8. Kiedy rodzina ponownie wybrała się na zwiedzanie zamku?

9. Co to była za rzecz, której rodzina nie potrafiła wyjaśnić?

Comprehension Questions

1. What did the family do when they got lost in the castle?

2. How did the family feel when they found out it was just a local man?

3. What did the man do that got him arrested?

4. What was the sentence for the man?

5. What noise did the family hear while they were walking?

6. Where was the figure in the dark cloak when the family saw him?

7. What did the family do when they got back to their room?

8. When did the family go explore the castle again?

9. What was the thing that the family couldn't put their finger on?

Mój Ogród

Mój ogród to moje szczęśliwe miejsce. Wychodzę tam każdego dnia, czy pada, czy nie, i spędzam czas, pielęgnując moje rośliny. Mam tam **wszystko** po trochu - **warzywa**, owoce, kwiaty, zioła. Mam nawet kilka kur, które pomagają mi utrzymać szkodniki z daleka. Dzień w ogrodzie zaczynam od zbierania jaj od kur. Następnie sprawdzam, czy moje warzywa mają wystarczająco dużo wody i słońca. Odchwaszczam grządki i usuwam wszelkie insekty, które mogą **zaatakować** rośliny. Kiedy już **wszystko** jest dopilnowane, siadam wygodnie i cieszę się ciszą i spokojem natury.

My Garden

My garden is my happy place. I go out there every day, rain or shine, and spend time tending to my plants. I have a little bit of **everything**-vegetables, fruits, flowers, herbs. I even have a few chickens that help keep the pests at bay. I start my days in the garden by gathering eggs from the chickens. Then I check on my veggies, making sure they are getting enough water and sun. I weed the beds and pick off any bugs that might be **attacking** the plants. Once **everything** is taken care of, I sit back and enjoy the peace and quiet of nature.

Zawsze uwielbiałam spędzać czas w moim ogrodzie. Jest coś takiego w byciu otoczonym przez naturę i całe **piękno,** które ma do zaoferowania. Uważam, że jest to bardzo spokojne i uspokajające miejsce. Często spędzam czas w ogrodzie, relaksując się i podziwiając widoki. Lubię też pracować w ogrodzie i uprawiać rośliny. Mam całkiem spory ogród i lubię w nim uprawiać różne rzeczy. Uprawiam kwiaty, **warzywa** i zioła. Mam też kilka drzew owocowych, które rodzą pyszne jabłka, gruszki i śliwki. Oprócz uprawiania rzeczy lubię też spędzać czas na spacerach po ogrodzie, **podziwiając** różne rośliny i zwierzęta, które są jego domem. Przez lata spędziłam wiele godzin, pracując nad tym, aby mój **ogród stał** się miejscem nie tylko pięknym, ale i funkcjonalnym. Uwielbiam obserwować ptaki latające wokół i słuchać ich śpiewu. Czasami nawet przynoszę książkę i czytam w ogrodzie, otoczona pięknem, które stworzyłam. **Ogrodnictwo** jest moją pasją i przynosi mi tyle radości. Każdy dzień w moim ogrodzie to dobry dzień.

I have always loved spending time in my garden. There is something about being surrounded by nature and all of the **beauty** that it has to offer. I find it to be a very peaceful and calming place. I often spend time in my garden just relaxing and enjoying the scenery. I also enjoy working in my garden and growing things. I have a pretty good-sized garden, and I like to grow a variety of **different** things in it. I grow flowers, **vegetables**, and herbs. I also have a few fruit trees that produce some delicious apples, pears, and plums. In addition to growing things, I also enjoy spending time just walking around my garden, **admiring** all of the different plants and animals that call it home. I have spent many hours over the years working on making my **garden** into a place that is not only beautiful but also functional. I love to watch the birds flit around and listen to them sing. Sometimes I even bring out a book and read in the garden while surrounded by all the beauty that I've created. **Gardening** is my passion and it brings me so much joy. Every day in my garden is a good day.

Jedną z rzeczy, które uwielbiam robić, jest gotowanie, dlatego posiadanie dobrze zaopatrzonego ogrodu ziołowego jest dla mnie bardzo **ważne**. Tymianek, bazylia, oregano, rozmaryn, szałwia i lawenda to tylko niektóre z ziół, które lubię uprawiać w moim ogrodzie, aby móc ich używać podczas przygotowywania posiłków dla siebie lub dla **gości**. Kolejną rzeczą, która jest dla mnie ważna, jeśli chodzi o mój ogród, jest zapewnienie, że jest w nim dużo kolorów. Aby osiągnąć ten cel, uprawiam wiele różnych kwiatów, takich jak **róże**, lilie, stokrotki, tulipany, niecierpki, nagietki itp. Poza dodawaniem kolorów za pomocą kwiatów lubię także urozmaicać ogród, stosując w nim różne **faktury**. Na przykład mogę posadzić paprocie pod strzelistymi słonecznikami lub hosty **obok** kolczastych traw ozdobnych. Niezależnie od tego, co jeszcze dzieje się w moim życiu, praca w ogrodzie zawsze pomaga mi poczuć się bardziej związaną z naturą i w zgodzie z samą sobą.

One of the things that I love to do is cook, so having a well-stocked herb garden is very **important** to me. Thyme, basil, oregano, rosemary, sage, and lavender are just some of the herbs that I like to grow in my garden so that I can use them when cooking meals for myself or for **guests**. Another thing that is important to me when it comes to my garden is making sure that there is plenty of colour throughout it. To achieve this goal, I grow a wide variety of flowers, including **roses**, lilies, daisies, tulips, impatiens, marigolds, etc. In addition to adding colour with flowers, I also like to add interest by using different **textures** throughout the garden. For instance, I might plant ferns beneath towering sunflowers or hostas **alongside** spiky ornamental grasses. No matter what else might be going on in life, working in my garden always **manages** to help me feel more connected to nature and at peace with myself.

Pytania na rozumienie tekstu

1. Gdzie znajduje się ogród autora?

2. Ile kurczaków ma autor?

3. Co autor robi w ogrodzie każdego dnia?

4. Dlaczego autorowi podoba się ogród?

5. Jakie zioła autor sadzi w ogrodzie?

6. Dlaczego dla autora ważne jest to, że w jego ogrodzie jest wiele kolorów?

7. W jaki sposób autor urozmaica swój ogród?

8. Co czuje autor, kiedy pracuje w swoim ogrodzie?

9. Co sprawia, że autor czuje się spełniony, kiedy jest w swoim ogrodzie?

10. Dlaczego każdy dzień w ogrodzie autora jest dobry?

Comprehension Questions

1. Where is the author's garden?

2. How many chickens does the author have?

3. What does the author do in the garden every day?

4. Why does the author like the garden?

5. What herbs does the author plant in the garden?

6. Why is it important to the author that there are many colors in his garden?

7. How does the author bring variety to his garden?

8. How does the author feel when he works in his garden?

9. What makes the author feel connected when he is in his garden?

10. Why is every day in the author's garden a good day?

Idę na zakupy

Uwielbiam chodzić na **zakupy do** centrum handlowego. Chodzenie po nim i oglądanie różnych sklepów zawsze sprawia mi wiele radości. W centrum handlowym każdy znajdzie coś dla siebie i zawsze jest to świetne miejsce, aby znaleźć okazje na ubrania, buty i akcesoria. **Zwykle** zaczynam swoją wyprawę na zakupy od przejścia przez główne **wejście do centrum handlowego**. Stamtąd kieruję się najpierw do moich ulubionych sklepów. Po przejrzeniu tych sklepów, chodzę dookoła i sprawdzam, czy w innych miejscach nie trwają jakieś wyprzedaże. Zwykle spędzam w centrum handlowym kilka godzin, zanim w końcu dokonam zakupów. Zawsze lubię nie spieszyć się z zakupami, **ponieważ** chcę mieć pewność, że dostaję **dokładnie to,** czego chcę. Poza tym w ten sposób jest po prostu przyjemniej!

Going Shopping

I love going **shopping** in the mall. It's always so much fun to walk around and look at all the different stores. There's something for everyone in the mall, and it's always a great place to find deals on clothes, shoes, and accessories. I **usually** start my shopping trip by walking through the main **entrance** of the mall. From there, I head to my favourite stores first. After looking through those stores, I'll walk around and see if there are any sales going on at other places. I usually end up spending a couple hours in the mall before I finally make my purchases. I always like to take my time when shopping **because** I want to make sure that I'm getting **exactly** what I want. Plus, it's just more fun that way!

Zawsze **fascynuje** mnie obserwowanie ludzi w centrum handlowym. Po sposobie robienia zakupów można naprawdę wiele powiedzieć o danej osobie. Niektórzy ludzie są bardzo metodyczni i nie spieszą się, podczas gdy inni po prostu chwytają **wszystko, co się da,** i jak najszybciej kierują się do kasy. Są też tacy kupujący, którzy wydają się bardziej zainteresowani rozmową przez telefon komórkowy lub pisaniem SMS-ów niż oglądaniem towarów! Jednak bez względu na to, jakim typem kupującego jesteś, każdy z nas lubi "window shopping" - nawet jeśli niczego nie kupuje. Po prostu jest coś takiego w patrzeniu na te wszystkie piękne rzeczy w **witrynach** sklepowych, co sprawia, że jestem szczęśliwa. Czasami marzę o tym, jak by to było, gdyby było mnie stać na **wszystko, co** widzę! Podsumowując, dzień spędzony na zakupach w centrum handlowym to jedna z moich ulubionych rozrywek. To świetny sposób na zrelaksowanie się i odprężenie, a przy okazji na odrobinę ruchu (jeśli się wystarczająco dużo chodzi). Poza tym, **zawsze** miło jest od czasu do czasu sprawić sobie nową koszulę lub parę butów!

I always find it so **fascinating** to people watch while I'm at the mall. You can really tell a lot about a person by the way they shop. Some people are very methodical and take their time, while others just seem to grab **whatever** they can and head for the check-out as fast as possible. There are also those shoppers who seem more interested in talking on their cell phones or texting than actually looking at any of the merchandise! No matter what kind of shopper you are, though, everyone seems to enjoy window shopping—even if you don't actually buy anything. There's just something about looking at all of the pretty things in the store **windows** that makes me happy. Sometimes I fantasise about what it would be like if I could afford **everything** I see! All in all, spending a day shopping at the mall is one of my favourite pastimes. It's a great way to relax and unwind while also getting a little bit of exercise (if you walk around enough). Plus, it's **always** nice to treat yourself to a new shirt or pair of shoes every now and then!

Miałam **długi** dzień w pracy i wreszcie znalazłam trochę czasu dla siebie, więc postanowiłam wybrać się na zakupy do centrum handlowego. Potrzebowałam kilku nowych ubrań na **nadchodzący** sezon. Gdy tylko weszłam do środka, zobaczyłam wszystkie jasne światła i błyszczące witryny sklepów. Najpierw udałam się do mojego ulubionego sklepu i zaczęłam przeglądać półki. Znalazłam kilka ładnych bluzek i przymierzyłam je w przymierzalni. Gdy przyglądałam się sobie w lustrze, usłyszałam, że ktoś wchodzi do **przymierzalni** obok mojej. Rozpoznałam, że to jedna z moich koleżanek z pracy. Przywitałyśmy się i zaczęłyśmy rozmawiać o pracy. Po kilku minutach obie skończyłyśmy i poszłyśmy w swoją stronę, ale później znów na siebie wpadłyśmy. Rozmawialiśmy dalej i zdaliśmy sobie sprawę, że mamy ze sobą więcej wspólnego, niż nam się wydawało. Dokończyliśmy drinki i udaliśmy się na noc do domu, **wyczerpani** długim dniem spędzonym na zakupach, ale mimo to zadowoleni z naszych zakupów.

I had a **long** day at work and finally had some time to myself, so I decided to go shopping at the mall. I needed some new clothes for the **upcoming** season. As soon as I walked in, I saw all the bright lights and shiny storefronts. I headed to my favourite store first and started browsing through the racks. I found a few cute tops and tried them on in the dressing room. As I was looking at myself in the mirror, I heard someone coming into the **dressing** room next to mine. I recognised their voice as one of my co-workers. We said hello and started chatting about work. After a few minutes, we both finished up and went our **separate** ways, but then ran into each other again later. We continued chatting and realised that we had more in common than we thought. We finished our drinks and then headed home for the night, **exhausted** from a long day of shopping but happy with our purchases nonetheless.

Pytania na rozumienie tekstu

1. Gdzie najchętniej przechowujesz towary?

2. Jaki jest Twój ulubiony sklep w centrum handlowym?

3. Jak długo zazwyczaj przebywasz w centrum handlowym?

4. Co sądzisz o ludziach, którzy spędzają dużo czasu w centrum handlowym?

5. Jaka jest Twoja ulubiona rzecz do robienia w centrum handlowym?

6. Czy zdarzyło Ci się kupić coś w centrum handlowym, czego tak naprawdę nie potrzebowałeś?

7. Jak reagujesz, gdy widzisz w centrum handlowym coś, co bardzo by Ci się podobało, ale jest za drogie?

8. Czy kiedykolwiek widziałeś coś w centrum handlowym i zastanawiałeś się, kto mógłby to kupić?

9. Jakie jest Twoje zdanie na temat ludzi, którzy w centrum handlowym zamiast oglądać sklepy, zajmują się swoimi telefonami komórkowymi?

Comprehension Questions

1. Where do you like to store the most?

2. What is your favorite store in the mall?

3. How long do you usually stay at the mall?

4. What do you think about people who spend a lot of time at the mall?

5. what is your favorite thing to do at the mall?

6. Have you ever bought something at the mall when you didn't really need it?

7. How do you react when you see something at the mall that you would really like, but it is too expensive?

8. Have you ever seen something at the mall and wondered who would buy it?

9. What is your opinion about people who are busy with their cell phones in the mall instead of looking at the stores?

Na rynku

W sobotę budzę się wcześnie rano, chcąc zdążyć na **targ,** zanim zrobi się zbyt tłoczno. Zakładam kilka ubrań i wychodzę z domu, zabierając po drodze torby wielokrotnego użytku. Idąc, zaczynam planować, co chcę przygotować w nadchodzącym tygodniu. Wiem, że chcę przynajmniej raz upiec warzywa, więc będę musiała kupić dobrej jakości warzywa. Chcę też zrobić zupę lub gulasz, więc będę musiał kupić trochę mięsa. Będę musiał zobaczyć, co wygląda dobrze, gdy tam dotrę. Rynek znajduje się zaledwie kilka przecznic dalej, a ja już widzę rozstawione stragany i kłębiących się **ludzi**.

At the Market

I wake up early on Saturday morning, eager to get to the **market** before it gets too crowded. I throw on some clothes and head out the door, grabbing my reusable bags on the way. As I walk, I start planning what I want to make for the week ahead. I know I want to **roast** vegetables at least once, so I'll need to buy some good quality vegetables. I also want to make a soup or stew, so I'll need to get some meat as well. I'll have to see what looks good when I get there. The market is only a few blocks away, and I can already see the stalls set up and the **people** milling about.

Przyjeżdżam na targ i od razu kieruję się do stoiska z warzywami. Wybór jest piękny, a ja wypełniam torby różnymi **świeżymi** produktami. Rozmawiam trochę z rolnikiem, który poleca mi kilka przepisów. Nie mogę się doczekać, aby je wypróbować. Podczas zakupów rozmawiam z **rolnikami, poznając** ich i ich produkty. Gdy mam już wszystkie potrzebne warzywa, przechodzę do działu mięsnego. Tutaj waham się trochę bardziej, ponieważ nie jestem pewna, co chcę kupić. Ostatecznie decyduję się na kurczaka, ponieważ jest uniwersalny i można go wykorzystać w wielu potrawach. Kupuję też kilka różnych kawałków mięsa, zwracając uwagę na to, by kupić wołowinę karmioną trawą i **kurczaka z** wolnego wybiegu. Rzeźnik był przyjaznym człowiekiem, zawsze wesołym mimo długich godzin pracy. Zapakował moje piersi z kurczaka i stek, a potem rozmawiał ze mną o swoich planach na weekend. Pożegnałem się z nim i ruszyłem w dalszą drogę. W dziale z nabiałem kupiłem też jajka i ser.

I arrive at the market and head straight for the vegetable stand. The selection is beautiful, and I fill my bags with a variety of **fresh** produce. I chat with the farmer for a bit, and he recommends some recipes to me. I'm excited to try them out. I chat with the **farmers** as I shop, getting to know them and their products. After I have all the vegetables I need, I move on to the meat section. I'm a bit more hesitant here, as I'm not sure what I want to get. I eventually decide on chicken because it is versatile and can be used in a variety of dishes. I also buy a few different cuts of meat, making sure to get grass-fed beef and free-range **chicken**. The butcher was a friendly man, always cheerful despite the long hours he worked. He wrapped up my chicken breasts and steak before chatting to me about his weekend plans. I said goodbye to him and continued on my way. I also grabbed some eggs and cheese from the dairy section.

Na targu było **pełno** ludzi, którzy z niecierpliwością czekali na świeże produkty i mięso. W powietrzu unosił się zapach czosnku i cebuli, słychać było śmiech i rozmowy. Przedzierałem się przez tłum, wybierając inne artykuły potrzebne do zrobienia cotygodniowych zakupów. Wypełniłam **koszyk** owocami i warzywami, makaronem i chlebem, po czym skierowałam się do kasy. Kolejka była długa, ale szybko się posuwała.
W końcu kupiłem ostatnie **produkty spożywcze** i nadszedł czas, aby wrócić do domu. Samochód został załadowany, a droga do domu była długa i uciążliwa. Ruch był duży, a upał uciążliwy. W końcu samochód wjechał na podjazd, a ulga była wyczuwalna. W domu panował chłód i cisza, był to raj po **zgiełku** targowiska. Wszystko zostało odłożone na miejsce, a w domu szybko zapanowała cisza i spokój. Miałam wszystko, czego potrzebowałam, aby przygotować **pyszne** posiłki dla siebie i dla rodziny. Dobrze było być w domu.

The market was bustling with people, all of them eager to get their **hands** on the fresh produce and meat that were on offer. The air was thick with the smell of garlic and onions, and the sound of laughter and conversation filled the air. I made my way through the crowd, picking out the other items I needed for my weekly shop. I filled my **basket** with fruit and vegetables, pasta and bread, before heading to the checkout. The queue was long, but it moved quickly. Finally, the last of the **groceries** were bought, and it was time to go home. The car was loaded up, and the drive home was long and tedious. The traffic was heavy and the heat was oppressive. Finally, the car pulled into the driveway and the relief was palpable. The house was cool and quiet, and it was a haven after the **hustle** and bustle of the market. Everything was put away, and the house was soon back to its usual peace and quiet. I had everything I needed to make some **delicious** meals for myself and for my family. It was good to be home.

Pytania na rozumienie tekstu

1. Dokąd zmierza osoba?

2. Co dana osoba chce kupić?

3. Ile toreb ma ta osoba?

4. Jak daleko znajduje się rynek?

5. Co ta osoba robi w tej chwili?

6. Co to jest wszystko na rynku?

7. Ile osób znajduje się na rynku?

8. Ile czasu zajęło tej osobie kupienie wszystkiego?

9. W jaki sposób dana osoba wróciła do domu?

10. Co robiła osoba, która wróciła do domu?

Comprehension Questions

1. Where is the person going?

2. What does the person want to buy?

3. How many bags does the person have?

4. How far away is the market?

5. What is the person doing right now?

6. What is everything in the market?

7. How many people are in the market?

8. How long did it take the person to buy everything?

9. How did the person go home?

10. What did the person do when he or she got home?

W kawiarni

Był chłodny **jesienny** poranek, a ja umówiłam się z moją przyjaciółką Lily w naszej ulubionej kawiarni na kawę. Owinęłam się ciepło płaszczem i szalikiem i ruszyłam w drogę. Liście spadały z drzew, a w powietrzu czuć było lekki powiew wiatru, ale świeciło słońce i zapowiadał się piękny dzień. Idąc, **myślałam** o tym, jak dobrze jest mieć taką przyjaciółkę jak Lily. Przyjaźniłyśmy się od lat, odkąd poznałyśmy się na **studiach**. Połączyło nas zamiłowanie do kawy i spędzania czasu na pogawędkach w kawiarniach. Mimo że mieszkałyśmy teraz w różnych częściach miasta, nadal udawało nam się spotykać na kawie raz w tygodniu. Przyjechałem do kawiarni, a Lily już tam na mnie czekała. Uściskałyśmy się na powitanie, a potem zamówiłyśmy kawę. Znalazłyśmy stolik przy oknie i usiadłyśmy, żeby porozmawiać. **Kawa** była pyszna, jak zawsze, i miło było spotkać się z Lily. Rozmawiałyśmy o naszym tygodniu, pracy i planach na przyszłość. Rozmowa z Lily zawsze była tak łatwa i czułam, że mogę jej powiedzieć wszystko. Po jakimś czasie zaczęłyśmy odczuwać głód i **postanowiłyśmy** zamówić coś do jedzenia.

At a Cafe

It was a chilly **autumn** morning, and I had arranged to meet my friend Lily at our favourite cafe for a coffee. I wrapped up warm in my coat and scarf and set off. The leaves were falling from the trees and the air had a nip to it, but the sun was shining and it promised to be a beautiful day. As I walked, I **thought** about how good it was to have a friend like Lily. We had been friends for years, ever since we met at **university**. We bonded over our love of coffee and spending time chatting in cafes. Even though we now lived in different parts of the city, we still managed to meet up for coffee once a week. I arrived at the cafe, and Lily was already there, waiting for me. We hugged each other hello and then ordered our coffees. We found a table by the window and settled down to chat. The **coffee** was delicious, as always, and it was so nice to catch up with Lily. We talked about our week, our jobs, and our plans for the future. It was always so easy to talk to Lily, and I felt like I could tell her anything. After a while, we started to get hungry and **decided** to order some food.

Zamówiliśmy jedzenie i zajęliśmy miejsca przy oknie. Przez okno wpadało słońce, które sprawiało, że wszystko było ciepłe i radosne. Rozmawialiśmy przy jedzeniu, ciesząc się prostą przyjemnością przebywania w swoim **towarzystwie**. W kawiarni było dużo ludzi, ale nie odczuwało się tłoku. W powietrzu unosiła się atmosfera spokoju i zadowolenia. Kiedy skończyliśmy jeść, siedzieliśmy jeszcze przez chwilę, ciesząc się spokojną **atmosferą**. Przez chwilę rozmawialiśmy o różnych sprawach, które wydarzyły się w naszym życiu. Miło było spotkać się z moją przyjaciółką i po prostu **odpocząć**. Słońce świeciło przez okno i wydawało się, że **nic nie jest w** stanie zepsuć naszego idealnego dnia.

We **ordered** our food and found a seat by the window. The sun was shining in through the window, making everything feel warm and happy. We chatted as we ate our food, enjoying the simple pleasure of being in each other's **company**. The cafe was busy, but it didn't feel crowded. There was a feeling of peace and contentment in the air. As we finished our food, we sat for a while longer, just enjoying the peaceful **atmosphere**. We talked for a while about different things that had been going on in our lives. It was so nice to catch up with my friend and just **relax**. The sun was shining through the window, and it felt like **nothing** could ruin our perfect day.

Nagle usłyszałem głośny trzask. Odwróciłem się i zobaczyłem, że jakiś mężczyzna wypadł przez sufit i leżał przed nami na podłodze. Był **pokryty** pyłem i gruzem i wydawał się być nieprzytomny. Ja i moja przyjaciółka byłyśmy w szoku, wpatrując się w leżącego na podłodze mężczyznę. Nie wiedziałyśmy, co robić ani kogo wezwać na pomoc. Po prostu siedziałyśmy i patrzyłyśmy na niego, nie wiedząc, co robić. Po kilku minutach otrząsnęłam się z tego i zadzwoniłam pod numer 911. Operator powiedział mi, że ktoś wkrótce przyjedzie. Odłożyłem słuchawkę i powiedziałem mojemu przyjacielowi, co powiedział **operator.** Obie siedziałyśmy tam i czekałyśmy na pomoc. Wydawało mi się, że trwało to wieczność, ale w końcu **pojawiła się** karetka. Ratownicy medyczni szybko weszli do środka i zaczęli zajmować się mężczyzną. Szybko stwierdzili, że jest on ranny i musi zostać przewieziony do **szpitala.** Moja przyjaciółka i ja odetchnęłyśmy z ulgą, że pomoc dotarła i że mężczyźnie nic się nie stanie. **Dokończyłyśmy** jedzenie i kontynuowałyśmy dzień, wdzięczne, że w końcu wszystko skończyło się dobrze.

Suddenly, I heard a loud crash. I turned around to see that a man had fallen through the ceiling and was lying on the floor in front of us. He was **covered** in dust and debris and appeared to be unconscious. My friend and I were both in shock as we stared at the man lying on the floor. We didn't know what to do or who to call for help. We just sat there staring at him, not knowing what to do. After a few minutes, I snapped out of it and called 911. The operator told me that someone would be there soon. I hung up the phone and told my friend what the **operator** had said. We both just sat there waiting for help to arrive. It felt like forever, but eventually an ambulance **showed** up. The paramedics rushed in and started working on the man. They quickly determined that he was injured and needed to be taken to the **hospital**. My friend and I were relieved that help had arrived and that the man was going to be okay. We **finished** our food and went on with our day, thankful that everything turned out alright in the end.

Pytania na rozumienie tekstu

1. Skąd pochodzi człowiek, który wpada przez dach?

2. Dlaczego kobieta jest ze swoją przyjaciółką w kawiarni?

3. Jaka jest ulubiona kawiarnia tych dwóch przyjaciół?

4. Jak długo przyjaciele znają się nawzajem?

5. Jaki jest ulubiony napój tych dwóch przyjaciół?

6. W jakim mieście mieszkają ci dwaj przyjaciele?

7. Jak często spotykają się ci dwaj przyjaciele?

8. O czym rozmawiają dwie przyjaciółki, gdy po raz pierwszy spotykają się w swojej ulubionej kawiarni?

9. Jakie jest ulubione jedzenie tych dwóch przyjaciół?

10. Dlaczego tak łatwo jest rozmawiać z Lily?

Comprehension Questions

1. Where does the man who falls through the roof come from?

2. Why is the woman with her friend in the café?

3. What is the two friends' favorite café?

4. How long have the two friends known each other?

5. What is the two friends' favorite drink?

6. In which city do the two friends live?

7. How often do the two friends meet?

8. What do the two friends talk about when they first meet at their favorite café?

9. What is the favorite food of the two friends?

10. Why is it so easy to talk to Lily?

Idę popływać

Basen zawsze był **orzeźwiającym** miejscem, a dzisiaj było nie inaczej. Słońce świeciło, a woda wyglądała zachęcająco. Wziąłem głęboki oddech i zanurzyłem się w wodzie, czując jej chłodny uścisk. Przez jakiś czas pływałem, ciesząc się z wysiłku i możliwości oczyszczenia głowy. Po jakimś czasie wyszedłem z wody, osuszyłem się i usiadłem na ręczniku, aby odpocząć w słońcu. Zamknąłem oczy i pozwoliłem, by ogarnęło mnie **ciepło,** czując, jak moje mięśnie zaczynają się rozluźniać. Nagle usłyszałem plusk i otworzyłem oczy, aby zobaczyć moją młodszą siostrę, która **wiosłowała** w płytkiej części wody. Uśmiechnąłem się i przyglądałem jej się przez chwilę, po czym wstałem i podszedłem do niej. Chwilę rozmawialiśmy i razem pływaliśmy, ciesząc się swoim towarzystwem. Wkrótce dołączyli do nas rodzice i resztę popołudnia spędziliśmy na pływaniu i wspólnych grach. Zawsze miło było spędzać czas z rodziną na basenie. Jest **coś takiego** w przebywaniu w wodzie, co wydaje się zbliżać ludzi do siebie. Może to dlatego, że kiedy jesteśmy w wodzie, wszyscy jesteśmy równi - nie możemy ukrywać swoich wad ani udawać, że jesteśmy kimś, kim nie jesteśmy. A może po prostu dlatego, że to świetna zabawa!
Niezależnie od przyczyny, cieszyłem się, że mogliśmy się spotkać i cieszyć się swoim towarzystwem w tak

Going Swimming

The pool was always a **refreshing** place to be, and today was no different. The sun was shining and the water looked inviting. I took a deep breath and dove in, feeling the cool embrace of the water. I swam laps for a while, enjoying the exercise and the chance to clear my head. After a while, I got out and dried off, then sat down on a towel to relax in the sun. I closed my eyes and let the **warmth** wash over me, feeling my muscles start to relax. Suddenly, I heard a splash and opened my eyes to see my little sister **paddling** around in the shallow end. I smiled and watched her for a while, then stood up and walked over to her. We chatted for a bit and paddled around together, enjoying each other's company. Soon, our parents joined us, and we spent the rest of the afternoon swimming and playing games together. It was always so nice to spend time with the family at the pool. There's **something** about being in the water that just seems to bring people together. Maybe it's because we're all equal when we're in the water—we can't hide our flaws or pretend to be something we're not. Or maybe it's just because it's fun! **Whatever** the reason, I was just glad that we could all come together and enjoy each other's company in such a special place.

szczególnym miejscu.

Słońce biło w moją skórę, a w powietrzu unosił się zapach chloru. Słyszałem odgłosy śmiechu dzieci, które pluskały się w basenie. Leżałem na **leżaku** obok basenu, wygrzewając się na słońcu i **ciesząc się** dniem. Miałam zamknięte oczy i już miałam zasnąć, gdy usłyszałam, że ktoś do mnie podchodzi. Otworzyłem oczy i zobaczyłem stojącą obok mnie kobietę. Była ubrana w bikini i miała ręcznik owinięty wokół talii. Miała długie blond włosy i niebieskie oczy. W ręku trzymała buteleczkę z **filtrem przeciwsłonecznym**. "Nie masz nic przeciwko temu, żebym posmarowała Ci plecy kremem z filtrem? "Nie, w porządku" - odpowiedziałem, siadając tak, by mogła dosięgnąć moich pleców. Czułem jej dłonie na skórze, gdy nakładała mi krem z filtrem.

The sun was beating down on my skin and the smell of chlorine was in the air. I could hear the sounds of kids laughing and splashing around in the pool. I was lying on a **lounge** chair next to the pool, soaking up the sun and **enjoying** the day. I had my eyes closed and was just about to drift off to sleep when I heard someone walking up to me. I opened my eyes and saw a woman standing next to me. She was wearing a bikini and had a towel wrapped around her waist. She had long blonde hair and blue eyes. She was holding a bottle of **sunscreen** in her hand. "Do you mind if I put some sunscreen on your back?" she asked. "No, that's fine," I said, sitting up so she could reach my back. I felt her hands on my skin as she applied the sunscreen.

Jej dotyk był delikatny, a zapach kremu przeciwsłonecznego kojący. Ponownie zamknąłem oczy i pozwoliłem sobie na relaks. Słyszałem **odgłosy** jej ruchu, ale nie otworzyłem oczu. Byłem zadowolony, leżąc na słońcu i słuchając szumu fal **rozbijających się** o brzeg. Po kilku minutach odeszła, a ja otworzyłem oczy. Patrzyłem na nią, jak wraca do swojego fotela i bierze książkę. Usiadła w fotelu i zaczęła czytać. Ponownie zamknąłem oczy i odpłynąłem w sen. **Śniło mi się**, że pływam w basenie, robiąc okrążenia tam i z powrotem. Woda była orzeźwiająca i chłodna na mojej skórze. Czułem słońce na twarzy i ciepło otaczającej mnie wody. Pływałem tak, **jakbym** pływał godzinami, aż w końcu dotarłem na drugą stronę basenu i wyszedłem. Wytarłem się ręcznikiem i położyłem na swoim leżaku. Poczułem, że ktoś siada obok mnie, i otworzyłem **oczy**, aby zobaczyć kobietę, która była tu wcześniej. Podała mi zimny napój i usiedliśmy razem, ciesząc się słońcem i swoim towarzystwem.

Her touch was gentle and the scent of the sunscreen was soothing. I closed my eyes again and let myself relax. I could hear the **sound** of her moving around, but I didn't open my eyes. I was content just lying there in the sun, listening to the sound of the waves **crashing** against the shore. After a few minutes, she walked away, and I opened my eyes. I watched her as she walked back to her lounge chair and picked up her book. She settled into her chair and began reading. I closed my eyes again and let myself drift off to sleep. I **dreamed** that I was swimming in the pool, doing laps back and forth. The water was refreshing and cool on my skin. I could feel the sun on my face and the warmth of the water surrounding me. I swam for what **seemed** like hours, until finally I reached the other side of the pool and climbed out. I towelled myself off and lay down on my lounge chair. I felt someone sit down next to me, and I opened my **eyes** to see the woman from earlier. She handed me a cold drink, and we sat there together, enjoying the sun and each other's company.

Pytania na rozumienie tekstu

1. Gdzie był narrator, gdy rozpoczynał opowiadanie?

2. Co czuje narrator, gdy otwiera oczy?

3. Co słyszy narrator, gdy otwiera oczy?

4. Czyj krem do opalania daje narratorowi kobieta?

5. O czym śni narrator?

6. Dlaczego pływanie w morzu jest dla narratora tak wyjątkowe?

7. Jakie wrażenie robi woda, w której pływa narrator?

8. Co widzi narrator po wyjściu z wody?

9. Co robi kobieta po nałożeniu na narratora kremu z filtrem przeciwsłonecznym?

Comprehension Questions

1. Where was the narrator when he begins the story?

2. What does the narrator smell when he opens his eyes?

3. What does the narrator hear when he opens his eyes?

4. Whose sunscreen does the woman give the narrator?

5. What is the narrator dreaming about?

6. Why is swimming in the sea so special for the narrator?

7. How does the water in which the narrator swims feel?

8. What does the narrator see when he comes out of the water?

9. What does the woman do after she puts the sunscreen on the narrator?

Koszenie trawnika

Jest 10 rano w letnią **sobotę**, a słońce już niemiłosiernie bije. Wychodzisz do garażu po kosiarkę, czując się tak, jakbyś został **skazany** na ciężką pracę. Zaczynasz kosić trawnik, starając się robić to powoli, aby nie przeoczyć żadnego miejsca. W trakcie koszenia myślisz o tym, jakie to przyjemne uczucie być na świeżym powietrzu. Gdy zaczynasz pchać kosiarkę tam i z powrotem po trawniku, kątem **oka dostrzegasz** sąsiada. Machasz do niego i witasz się, a on odwzajemnia uśmiech.

Mowing the Lawn

It's 10 in the morning on a summer **Saturday**, and the sun is already beating down mercilessly. You trudge out to the garage to fetch the lawn mower, feeling like you're being **sentenced** to hard labor. You start mowing the lawn, making sure to go nice and slow so you don't miss any spots. As you're mowing, you think about how good it feels to be outside in the fresh air. As you start pushing the mower back and forth across the lawn, you see your neighbour out of the corner of your **eye**. You wave and say hi, and he waves back.

Po kilku minutach kończysz i idziesz do domu sąsiada, aby napić się z nim piwa w ogrodzie. Dzień jest **idealny** - nie jest zbyt gorąco, wieje delikatny wiatr. Siedzisz w cieniu drzewa, popijasz piwo i rozmawiasz z sąsiadem. Właśnie takie dni sprawiają, że doceniasz lato. Następnie **udajesz się do** domu na zasłużone piwo. Rozsiadasz się wygodnie na krześle na werandzie i otwierasz puszkę, wydając z siebie zadowolone westchnienie. Dźwięk kosiarki zanika w tle, a Ty odpoczywasz w cieniu, rozkoszując się **spokojem** chwili. Piwo smakuje wyjątkowo dobrze po tej ciężkiej pracy w upale. Już miałem wejść do domu, gdy usłyszałem hałas obok.

After a few minutes, you're done, and you head over to your neighbour's house to have a beer with him in the front garden. It's a **perfect** day—not too hot, with a gentle breeze blowing. You sit there in the shade of the tree, sipping your beer and chatting with your neighbour. It's days like this that make you appreciate summertime. Then you **head** inside for a well-deserved beer. You flop down in a chair on the front porch and crack open the can, letting out a contented sigh. The sound of the mower fades into the background as you relax in the shade, enjoying the **peacefulness** of the moment. The beer tastes extra good after all that hard work in the heat. I was about to head inside when I heard a noise next door.

Brzmiało to tak, jakby ktoś płakał. Przestałem kosić i podszedłem do płotu, który oddzielał nasze podwórka. Zobaczyłem moją sąsiadkę, panią Johnson, płaczącą na huśtawce na werandzie. Zawołałem do niej, ale mnie nie usłyszała. Wspiąłem się na płot i podszedłem do niej. "Pani Johnson, wszystko w porządku?" zapytałem. Spojrzała na mnie ze łzami w oczach i potrząsnęła głową. "Nie, nic mi nie jest" - powiedziała. "Wczoraj zmarł mój kot". Byłem zszokowany. Nie wiedziałam, co powiedzieć. Stałem tak niezręcznie, nie wiedząc, co zrobić. W końcu położyłam rękę na jej **ramieniu** i powiedziałam: "Bardzo mi przykro, pani Johnson. Jeśli mogę jakoś pomóc, proszę dać mi znać". "Potrząsnęła głową i powiedziała: "Nie, nikt **nic nie** może zrobić". Po czym wstała i weszła do swojego domu. Stałem tam przez chwilę, nie wiedząc, co robić. Potem wróciłem do koszenia trawnika. Kiedy skończyłem, nie mogłem przestać myśleć o pani Johnson i jej kocie.

It **sounded** like someone was crying. I stopped mowing and walked over to the fence that separated our yards. I peered over and saw my neighbor, Mrs. Johnson, crying on her porch swing. I called out to her, but she didn't hear me. I climbed over the fence and walked over to her. "Mrs. Johnson, are you okay?" I asked. She looked up at me with tears in her eyes and shook her head. "No, I'm not okay," she said. "My cat died yesterday." I was shocked. I didn't know what to say. I just stood there awkwardly, not knowing what to do. Finally, I put my hand on her **shoulder** and said, "I'm so sorry, Mrs. Johnson. If there's anything I can do to help, please let me know. " She shook her head and said, "No, there's **nothing** anyone can do." Then she got up and went inside her house. I stood there for a moment, not knowing what to do. Then I went back to mowing my lawn. As I finished up, I couldn't help but think about Mrs. Johnson and her cat.

Pytania na rozumienie tekstu

1. Która jest godzina?

2. Gdzie znajduje się osoba kosząca?

3. Jak czuje się dana osoba?

4. Dlaczego osoba musi kosić trawę powoli?

5. Jaka jest pogoda?

6. Co robi osoba po zakończeniu koszenia?

7. Co słyszy osoba przed powrotem do domu?

8. Kto jest z panią Johnson?

9. Dlaczego pani Johnson płacze?

10. Co ta osoba mówi pani Johnson?

Comprehension Questions

1. What time is it?

2. Where is the person mowing?

3. How does the person feel?

4. Why does the person have to mow slowly?

5. What kind of weather is it?

6. What is the person doing after mowing?

7. What does the person hear before going home?

8. Who is with Mrs. Johnson?

9. Why is Mrs. Johnson crying?

10. What does the person say to Mrs. Johnson?

Strzyżenie włosów

Od tygodni nosiłam się z zamiarem zrobienia sobie fryzury, ale jakoś zawsze udawało mi się to odłożyć na później. Jednak w obliczu zbliżających się **Świąt Bożego Narodzenia** wiedziałam, że nie mogę dłużej tego odkładać. Nie chciałam pojawić się na kolacji wigilijnej u mojej rodziny w niechlujnej fryzurze. Tak więc, wczesnym rankiem w Boże Narodzenie udałam się do salonu fryzjerskiego. Mimo wczesnej pory, w salonie było już pełno osób, które chciały **się uczesać na** święta. Zajęłam swoje miejsce w kolejce i czekałam na swoją kolej. W końcu nadeszła moja kolej na fotelu. Stylistka, sympatyczna kobieta o imieniu Jill, zapytała mnie, czego sobie życzę. "Zwykłe podcięcie, nic drastycznego" - odpowiedziałam. Jill zabrała się do pracy, przycinając moje włosy. W miarę jak pracowała, zaczęłam się odprężać. Czułam się dobrze, że wreszcie mogę o siebie zadbać. Ostatnio byłam tak zajęta, biegając i troszcząc się o wszystkich innych, że pozwoliłam, aby moje własne potrzeby zeszły na dalszy plan. Ale **już** nie. Od tej pory zamierzałam znaleźć czas dla siebie.

Getting a Haircut

I had been meaning to get a haircut for weeks, but somehow always managed to put it off. But with **Christmas** just around the corner, I knew I couldn't put it off any longer. I didn't want to show up to my family's Christmas dinner looking like a scruffy mess. So, early on Christmas morning, I made my way to the salon. Even though it was early, the salon was already busy with other people **getting** their hair done for the holiday. I took my place in the line and waited my turn. Finally, it was my turn in the chair. The stylist, a friendly woman named Jill, asked me what I wanted. "Just a trim, nothing too drastic," I replied. Jill got to work, snipping away at my hair. As she worked, I began to relax. It felt good to finally be taking care of myself. I had been so busy lately, running around taking care of everyone else, that I had let my own needs fall by the wayside. But not **anymore**. From now on, I was going to make time for myself.

Kiedy Jill skończyła, spojrzałam w lustro i byłam zadowolona z tego, co zobaczyłam. Moje włosy były schludne i wypolerowane - idealne na wakacyjne spotkania. **Podziękowałam** Jill i zapisałam sobie w **pamięci,** żeby częściej do niej wracać. Od tej pory będę dbać przede wszystkim o siebie". Jill zabrała się do pracy, przycinając moje włosy. Pomyślałam o tym, jak bardzo jestem wdzięczna, że w końcu zdecydowałam się na strzyżenie. Dobrze było wiedzieć, że na **kolację** wigilijną będę wyglądać stosownie do okazji. Nie musiałam się już martwić, że rodzina będzie mi dokuczać z powodu mojego "niechlujnego" wyglądu. Po kilku minutach fryzjerka skończyła strzyc moje włosy i szybko je wysuszyła. Spojrzałam w lustro i byłam zadowolona z tego, co zobaczyłam - czysty wygląd, który idealnie nadawał się na świąteczny obiad. Teraz, gdy nie musiałam już strzyc włosów, mogłam skupić się na spędzaniu świąt z rodziną. I za to byłam jeszcze bardziej wdzięczna.

When Jill was finished, I looked in the mirror and was pleased with what I saw. My hair looked tidy and polished—perfect for holiday gatherings. I **thanked** Jill and made a **mental** note to come back more often. From now on, I will take care of myself first and foremost. She got to work snipping away at my hair. I thought about how thankful I was that I had finally gotten around to getting my haircut. It felt good to know that I would look presentable for Christmas **dinner**. No longer would I have to worry about my family teasing me about my "scruffy" appearance. After a few minutes, the stylist was finished trimming my hair and gave me a quick blow dry. I looked in the mirror and was happy with what I saw—a clean-cut look that would be perfect for Christmas dinner. Now that my haircut was out of the way, I could focus on enjoying the holiday with my family. And I was even more thankful for that.

To było takie **wyzwalające** uczucie i bardzo podobała mi się moja nowa fryzura. Po zapłaceniu za fryzurę wróciłam do domu i zaczęłam się pakować na wyjazd. **Nie mogłam się** doczekać, kiedy pochwalę się moim nowym wyglądem rodzinie i przyjaciołom. Wiedziałam, że będą zaskoczeni, gdy mnie zobaczą. W dniu wylotu dotarłam na lotnisko z zapasem czasu. Bez problemu przeszedłem przez kontrolę bezpieczeństwa i wkrótce byłem w drodze. Gdy tylko dotarłem do celu, poczułem podniecenie w powietrzu. Boże Narodzenie było zdecydowanie w powietrzu! Na lotnisku przywitała mnie rodzina, która była zachwycona moją nową fryzurą. Następne kilka dni spędziliśmy na **rozmowach** i cieszeniu się swoim **towarzystwem**. W Wigilię wszyscy razem poszliśmy do kościoła i śpiewaliśmy kolędy. To były idealne święta. Bardzo się cieszę, że zrobiłam sobie fryzurę przed wyjazdem na wakacje. Dzięki temu całe doświadczenie było jeszcze bardziej wyjątkowe. Za każdym razem, gdy oglądam **zdjęcia** z tego wyjazdu, przypominam sobie, jak dobrze się czułam, gdy w końcu pozbyłam się tego całego balastu i zaczęłam od nowa.

It felt so **liberating**, and I loved the way my new haircut looked. After I paid for my haircut, I went home and started packing for my trip. I **couldn't** wait to show off my new look to my family and friends. I knew they would be surprised when they saw me. On the day of my flight, I arrived at the airport with plenty of time to spare. I went through security without any problems, and soon I was on my way. As soon as I arrived at my destination, I could feel the excitement in the air. Christmas was definitely in the air! My family was there to greet me at the airport, and they were all amazed at my new haircut. We spent the next few days **catching** up and enjoying each other's **company**. On Christmas Eve, we all went to church together and sang carols. It was a perfect holiday. I'm so glad I got my haircut before going on vacation. It made the whole experience even more special. Every time I look back at **photos** from that trip, I'll always remember how good it felt to finally get rid of all that dead weight and start fresh with a new look.

Pytania na rozumienie tekstu

1. Co bohater musiał zrobić przed świętami?

2. Jak bohaterka czuła się, dbając o siebie?

3. Kto przyciął włosy bohatera?

4. Dlaczego rodzina bohaterki miała jej dokuczać?

5. Jak czuła się bohaterka po obcięciu włosów?

6. Co zrobiła bohaterka po obcięciu włosów?

7. Jaka była reakcja rodziny bohaterki na jej fryzurę?

8. Co bohater robił w Wigilię?

9. Co sprawiło, że doświadczenie bohatera było bardziej wyjątkowe?

Comprehension Questions

1. What did the protagonist need to do before Christmas?

2. How did the protagonist feel about taking care of herself?

3. Who trimmed the protagonist's hair?

4. Why was the protagonist's family going to tease her?

5. How did the protagonist feel after getting her haircut?

6. What did the protagonist do after getting her haircut?

7. What was the protagonist's family's reaction to her haircut?

8. What did the protagonist do on Christmas Eve?

9. What made the protagonist's experience more special?

Park

Słońce zachodziło, a w parku było pusto. Usiadłam na ławce, czekając na moją **przyjaciółkę**. Zaplanowałyśmy spotkanie już godzinę temu, ale ona zawsze się spóźniała. Gdy już miałam się poddać i iść do domu, zobaczyłam, że biegnie w moją stronę.
"Tak mi przykro" - wykrztusiła, gdy znalazła się na ławce. "Mój pociąg się **opóźnił**".
"W porządku" - powiedziałam z **wyrozumiałością**.
"Sam dopiero co przyjechałem".
Usiedliśmy i przez chwilę rozmawialiśmy, dowiadując się, jak wyglądało nasze życie od ostatniego spotkania. Rozmowa płynęła **gładko i wydawało się,** że od naszego ostatniego spotkania nie minęło ani trochę czasu. Gdy słońce zaszło, pożegnaliśmy się i poszliśmy w swoją stronę. Następnym razem spotkaliśmy się w innym parku. Znów się spóźniła, ale nie miałem nic przeciwko temu. Miło było mieć kogoś, z kim można porozmawiać, kto mnie **rozumie.** Rozmawialiśmy o naszych marzeniach i **aspiracjach**, o rzeczach, które chcielibyśmy zrobić w życiu. Ona opowiedziała mi o swoich planach podróżowania po świecie, a ja podzieliłem się swoim marzeniem, by zostać pisarzem. Gdy słońce zachodziło w kolejny dzień, pożegnałyśmy się raz jeszcze, obiecując sobie, że tym razem będziemy w kontakcie.

The park

The sun was setting, and the park was empty. I sat on the bench, waiting for my **friend**. We had planned to meet here an hour ago, but she was always late. Just as I was about to give up and go home, I saw her running towards me. "I'm so sorry," she panted as she reached the bench. "My train was **delayed**." "It's okay," I said **forgivingly**. "I just got here myself." We sat down and chatted for a while, catching up on each other's lives since we last met. The conversation flowed **easily**, and it felt like no time had passed at all since we last saw each other. As the sun set, we said our goodbyes and went our separate ways. The next time we met, it was in a different park. Again, she was late, but I didn't mind. It was nice to have someone to talk to who **understood** me. We talked about our dreams and **aspirations**, things we wanted to do with our lives. She told me about her plans to travel the world, and I shared my dream of becoming a writer. As the sun set on another day, we said goodbye once again, promising to keep in touch this time.

Mijały lata, a nasza **przyjaźń** pozostawała silna, mimo że mieszkaliśmy teraz w różnych częściach kraju. Utrzymywałyśmy kontakt poprzez listy i sporadyczne rozmowy telefoniczne, dzieląc się wzajemnie nowinkami z naszego życia. Kiedy ogłosiła, że wychodzi za mąż, nie byłem **zaskoczony** - zawsze była typem poszukiwacza **przygód**. Ale kiedy zapytała mnie, czy byłabym druhną na jej ślubie, który odbywał się pół świata od mojego miejsca zamieszkania... trzeba było mnie trochę przekonać! W końcu jednak nie mogłam pozwolić, by moja najlepsza przyjaciółka wyszła za mąż beze mnie u jej boku, więc mimo moich obaw (i po wielu błaganiach z jej strony!) **zgodziłam się wziąć** udział w tym, co okazało się **przygodą** życia.

Years passed, and our **friendship** remained strong even though we lived in different parts of the country now. We kept in touch through letters and occasional phone calls, sharing news of our lives with each other. When she announced that she was getting married, I wasn't **surprised** - she had always been the **adventurous** type. But when she asked me if I would be her maid of honor at her wedding ceremony taking place halfway around the world from where I lived... that took some convincing! In the end though I couldn't let my best friend get married without me by her side so despite my fears (and after much pleading from her!)I **agreed** to go along for what turned out to be the **adventure** of a lifetime.

W końcu nadszedł dzień **ślubu**. Byłam zdenerwowana, ale jednocześnie podekscytowana, że mogłam uczestniczyć w tak ważnym momencie w życiu mojej przyjaciółki. Ceremonia była piękna, a ona wyglądała na szczęśliwą, gdy składała przysięgę. **Później** świętowaliśmy z wielką imprezą - wyglądało na to, że wszyscy, których znała, przyszli świętować razem z nią! To był **magiczny** dzień, którego nigdy nie zapomnę, a nasza przyjaźń po tej przygodzie tylko się umocniła. Teraz, po latach, nadal utrzymujemy kontakt. Obie bardzo się **zmieniłyśmy** od czasu naszego pierwszego spotkania, ale nasza przyjaźń jest tak silna, jak nigdy dotąd. Za każdym razem, gdy się spotykamy - czy to w parku, czy **na drugim końcu** świata - mamy wrażenie, że nie minął żaden czas.

The day of the **wedding** finally arrived. I was nervous, but excited to be a part of such an important moment in my friend's life. The ceremony was beautiful, and she looked happy as she said her vows. **Afterward**, we celebrated with a big party – it seemed like everyone she knew had come to celebrate with her! It was a **magical** day that will never forget, and our friendship only grew stronger after that adventure. Now, years later, we still keep in touch. We've both **changed** a lot since we first met, but our friendship is as strong as ever. Whenever we meet up - whether it's in a park or **halfway** around the world - it feels like no time has passed at all.

Pytania na rozumienie tekstu

1. Gdzie autorka i jej przyjaciółka spotkały się po raz pierwszy?

2. Dlaczego przyjaciel autora spóźnił się na spotkanie?

3. O czym rozmawiali przyjaciele, gdy spotkali się ponownie po latach?

4. Jak autorka czuła się, uczestnicząc w uroczystości ślubnej swojej przyjaciółki?

5. Opisz miejsce, w którym odbywa się ceremonia ślubna.

6. Jak z czasem zmieniła się przyjaźń między tymi dwiema kobietami?

7. Jakie jest marzenie autora?

8. Dokąd zamierza wyjechać przyjaciel autora?

9. Dlaczego autorka wahała się, czy wziąć udział w uroczystości ślubnej swojej przyjaciółki?

Comprehension Questions

1. Where did the author and her friend first meet?

2. Why was the author's friend late to their meeting?

3. What did the friends talk about when they met up again years later?

4. How did the author feel about attending her friend's wedding ceremony?

5. Describe the setting of the wedding ceremony.

6. How has the friendship between the two women changed over time?

7. What is the author's dream?

8. Where does the author's friend plan to travel?

9. Why was the author hesitant to attend her friend's wedding ceremony?

CPSIA information can be obtained
at www.ICGtesting.com
Printed in the USA
BVHW091657150223
658590BV00024B/528

9 798837 092091